教师信息技术应用
微能力提升认证案例集

胡宏娟◎主编

中国文联出版社

图书在版编目（CIP）数据

教师信息技术应用微能力提升认证案例集 / 胡宏娟

主编. — 北京：中国文联出版社，2021.12

ISBN 978-7-5190-4734-4

Ⅰ.①教… Ⅱ.①胡… Ⅲ.①计算机辅助教学—师资

培训—案例—汇编 Ⅳ.①G434

中国版本图书馆CIP数据核字（2021）第246407号

编　　者　胡宏娟
责任编辑　刘　旭
责任校对　吉雅欣
装帧设计　刘贝贝　李　娜

出版发行　中国文联出版社有限公司
社　　址　北京市朝阳区农展馆南里10号　　邮编　100125
电　　话　010-85923025（发行部）　010-85923091（总编室）
经　　销　全国新华书店等
印　　刷　北京米乐印刷有限公司
开　　本　710毫米×1000毫米　1/16
印　　张　16
字　　数　242千字
版　　次　2021年12月第1版第1次印刷
定　　价　45.00元

编　委　会

目 录
CONTENTS

第一篇　多技术融合

第二篇　智慧教育

第一篇

多技术融合

第一章

学情分析

A1技术支持的测验与练习

《光是怎样传播的》A1能力点认证

一、基本信息

教学主题	光是怎样传播的	所属学科	科学
教学对象	五年级	任课教师	廖燕娴
应用模式	√多技术融合　　智慧教育		
所属维度	√学情分析　　教学设计　　学法指导　　学业评价　　融合创新		

二、工具介绍

（一）测验与练习工具

畅言晓学APP

（二）基本功能及特点

（1）畅言晓学APP为教师提供了完备的测试方式，教师可通过录入、导入等形式完成题目的设计与发布，里边也有答题卡模板，教师可以很方便地把题目上传，并设定作业截止时间和公布答案的时间，可以方便学生及时订正。

（2）平台有很全面的数据统计与分析功能，教师可以很清晰地得到反馈结果，及时调整自己的教学策略，能够根据学情诊断结果动态调整教学内容和方法。

（3）畅言晓学教师端APP可以布置小组作业，有需要的时候可以分组别布置练习，在布置作业选择接受班级时，点击布置范围，在部分学生中选择小组布置，或者指定单个学生布置。方便老师对学生开展个别化指导。

所以选择畅言晓学这个APP来进行数据统计与分析。

三、应用情境

（1）课中学情检测：课时内容讲完后，布置几道简单的计算题检测学生的掌握情况。

（2）复习阶段：除了可以这个时候布置，这种技术支持的测验与练习放在复习阶段也很有效。教师每天布置5道题左右，相当于给学生布置一个打卡小任务，教师通过平台后台的数据统计可以很快地发现学生掌握好和没掌握到的知识是哪些，在后续的复习教学时可以及时查漏补缺，精准复习。

四、使用策略

（1）练习题要量少精简。使用畅言晓学APP布置课后家庭作业时，最好布置选择题，量不要太多，这样可以避免大多数同学们出现应付的情况。

（2）利用技术手段让及时获得反馈结果。教师选择公布作业答案最恰当的时间为每个学生自己完成提交后，让学生及时得到作业结果反馈。这个APP的后台有很好的统计分析功能，教师在下一次上课前要将评价结果及时反馈给学生，并为教学策略调整和差异化学习提供支持依据，同时积累形成测验与练习的资源库。教师还要简单对学生说明作业的完成情况，同时也要对积极完成作业的同学及时鼓励，对没完成作业的同学进行及时的提醒。

五、实施方案

（一）实施时机

教师完成《光是怎样传播的》这一课授课内容后，教师要了解学生的学习掌握情况。就在畅言晓学上布置了关于光是沿直线传播、光速和光沿直线传播的实际应用三个知识点的相关题目发送给学生。

（二）实施条件

平板或者手机满足实施的硬件条件，教师准备测验与练习的资源库以及学生在课上学到的知识满足实施的软件条件。

（三）教师准备

教师需要先完成《光是沿直线传播》这个课时内容的授课任务，并提前准备好这一课时相关的习题。

（四）学生准备

学生有相关的知识储备，并有供学习使用的硬件支持。

（五）实施过程

教师授课完成后或者在复习阶段时，在畅言晓学APP上布置一些简单的选择题或者判断题，然后设置作业与答案公布的时间。等到学生提交完成后，可以通过APP查看每个学生的习题完成情况与订正情况，对于个别完成效果特别不理想的同学，教师可以把作业打回去让学生重新做。教师通过后台数据可以看到全班同学的答题情况，在下一次授课前可以有针对性地进行讲解或复习。同时，面对质量不一的作业，教师也可以很快速地找到后进生，比如在这个课时中，教师通过APP数据发现很多同学对于光是沿直线传播这一实际生活的应用并不熟悉，教师就可以开始实施个别化指导。

六、学生体会

学生1：老师在畅言晓学APP上布置作业比布置书面作业要方便，老师布置的作业都挺简单的，都是课堂上讲过的知识。每次题目都只有几道题，我很快就做完了，有时候我做错了题目，也可以马上知道答案，我就会订正。

学生2：老师在讲光是怎样传播这一课时，有个知识点是光是沿直线传播的，刚开始一直都不能记住，因为我没有看见直线。然后，老师在畅言晓学APP上布置习题时，又布置了这个知识点的练习。第一次我答错了，然后订正了答案。第二天，老师给我拿出一张白纸和一个激光笔，让我自己回想老师课上的方法，自己实验，看看怎样可以看到光的直线传播路径。我拿着激光笔紧紧地贴住白纸，然后就真的看到一条直线。所以，现在我已经牢牢地记住这个知识点了。

《芙蓉楼送辛渐》A1能力点认证

一、基本信息

教学主题	芙蓉楼送辛渐		所属学科		语文
教学对象	四（2）班		任课教师		李平
应用模式	√多技术融合	智慧教育			
所属维度	√学情分析	教学设计	学法指导	学业评价	融合创新

二、工具介绍

（一）测验与练习工具

畅言晓学APP

（二）基本功能及特点

畅言晓学APP为教师提供了完备的测试方式，丰富了测验与练习的活动形式，提高了学生参与活动的兴趣和积极性，提高了测验与练习的评价反馈效率。

畅言晓学诊断学习掌握情况，为教学策略调整和差异化学习提供依据，教师可以根据题目的难易程度选择不一样的题目，并设定作业截止时间和公布答案的时间，可以方便学生及时订正。

畅言晓学平台有很全面的数据统计与分析功能，教师可以很清晰地得到反馈结果，及时调整自己的教学策略。

畅言晓学还可以布置个别化作业，有需要的时候可以分组别布置练习，在布置作业选择接受班级时，点击布置范围，在部分学生中选择小组布置，或者指定单个学生布置。

三、应用情境

在教学中，我选择利用畅言晓学APP在课前开展测验与练习活动，学生在平板上自主学习。针对教师课前布置的预习任务，学生在课下就可以随时进入畅言晓学APP，自主预习，完成相关练习。教师通过平台的后台数据统计可以很快地发现学生掌握好和没掌握到的知识是哪些，在后续的教学时可以及时查漏补缺，精准复习。

四、使用策略

（1）畅言晓学APP可分类选择上传方式。

畅言晓学可以直接上传微课，让学生学会利用课前的资源来指导学习，学生可以在看完微课之后，留言自己学会了什么，还有哪些不懂，这样方便老师及时了解学生的情况。

（2）畅言晓学APP可以分享资料，点赞和评论。

畅言晓学APP可以让学生完成收集的资料，利用七彩任务，同学们可以共享资源，可以相互点赞以及评论。

（3）畅言晓学的答题卡练习，方便批改和统计。

布置练习的作业，则可利用答题卡练习，避免学生之间互相看见，相互抄作业造成刷屏。答题卡练习功能有作业圈批改和统计等功能，方便老师批改和反馈。同时选择公布作业答案的时间为每个学生自己完成提交后，让学生及时得到作业结果反馈，并及时订正。

对学情掌握更到位，方便个别化指导

在畅言晓学里面对积极完成作业的同学老师还可以通过"豆豆"进行及时鼓励，对没完成作业的同学教师可以点击一键提醒。同时，面对质量不一的作业，教师也可以很快速地找到后进生，比如在这个课时中，教师通过APP数据发现很多同学对于王昌龄的情绪理解不是很好，教师就可以开始实施个别化指导。

五、实施方案

（一）实施时机

教师设置预习任务，查看微课，学生在课下有网络的地方就可以随时查看，老师还布置了课文的朗读，让学生了解这首诗，课下完成教师前置性练习。

（二）实施条件

学生平板，教师准备测验与练习的资源。

（三）教师准备

教师需要先完成"《芙蓉楼送辛渐》中你不知道的知识"微课录制，布置这节课的朗读任务，以及查找送别诗的资料。

（四）学生准备

学生有相关的知识储备，并有供学习使用的硬件支持。

（五）实施过程

教师在授课前，在畅言晓学端口，选择课文朗读和送别诗资料搜集以及分享微课进行任务布置。学生看到任务后，就可以选择朗读课文，完成提交即可得到相关评价，对朗读的流畅度、声调分、完整度、声韵分有个整体的分析，并且学生可以看到自己的评分。送别诗资料的收集，学生可以上网自己查找资料，或者是通过书籍查找资料上传，学生还可以进行自己的创造，画思维导图等方式上传资料。微课只需要学生打开观看即可。教师可以通过APP查看单个学生的朗读情况，对于个别朗读完成效果特别不理想的同学，教师打回学生重做。老师也可以查看学生查找的资料，画的思维导图，教师通过后台数据可以看到全班同学的答题情况。教师也可以看到学生观看微课之后的感悟，所有这些在下一次授课前可以有针对性地进行讲解。

六、学生体会

学生1：畅言晓学的朗读作业让我们普通话的水平越来越高。完成朗读后，马上就能知道自己的得分，如果对自己的朗读不满意，还可以自己再次阅读，直到我满意为止。大大节约了时间，提高了效率。

学生2：因为这篇古诗有点难以理解，通过李老师发布的微课，了解了王昌龄的一生以及写诗的背景，通过可视化内容，帮助我了解课文，走进诗人。

第二章

教学设计

A2数字教育资源管理

《音乐课数字教育资源》A2能力点认证

一、基本信息

教学主题	√多技术融合 智慧教育		实践教师		黎芷君
所属维度	学情分析	√教学设计	学法指导	学业评价	融合创新

二、成果展示

（一）能力点说明

数字教育资源管理包括纸质资源的数字化和数字资源存储的规范化两个方面。

（二）成果展示

1. 希沃白板

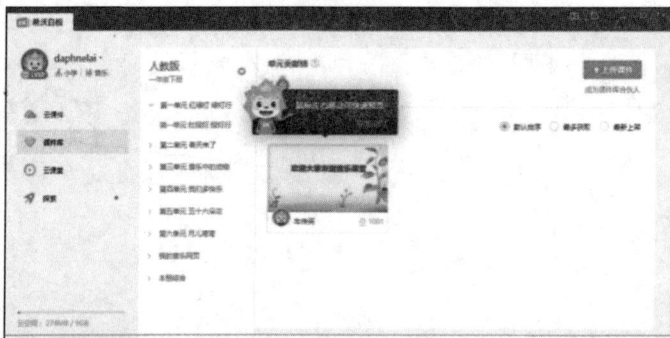

图1-2-1　希沃白板

2. 学校服务器（此文件夹包含六级目录，资源分类方式以单元、资源文件种类分类）

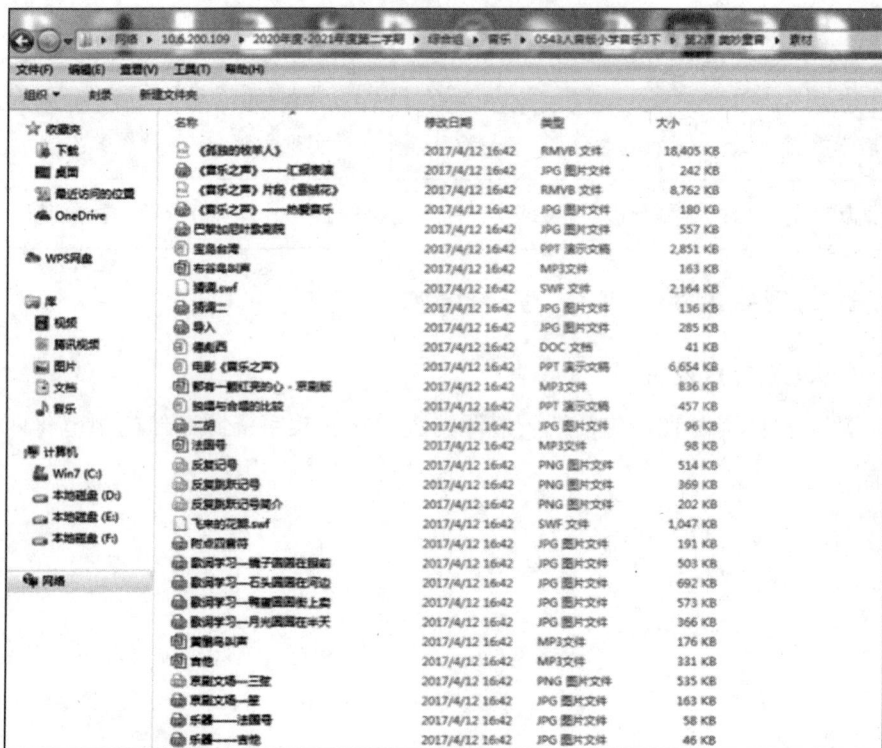

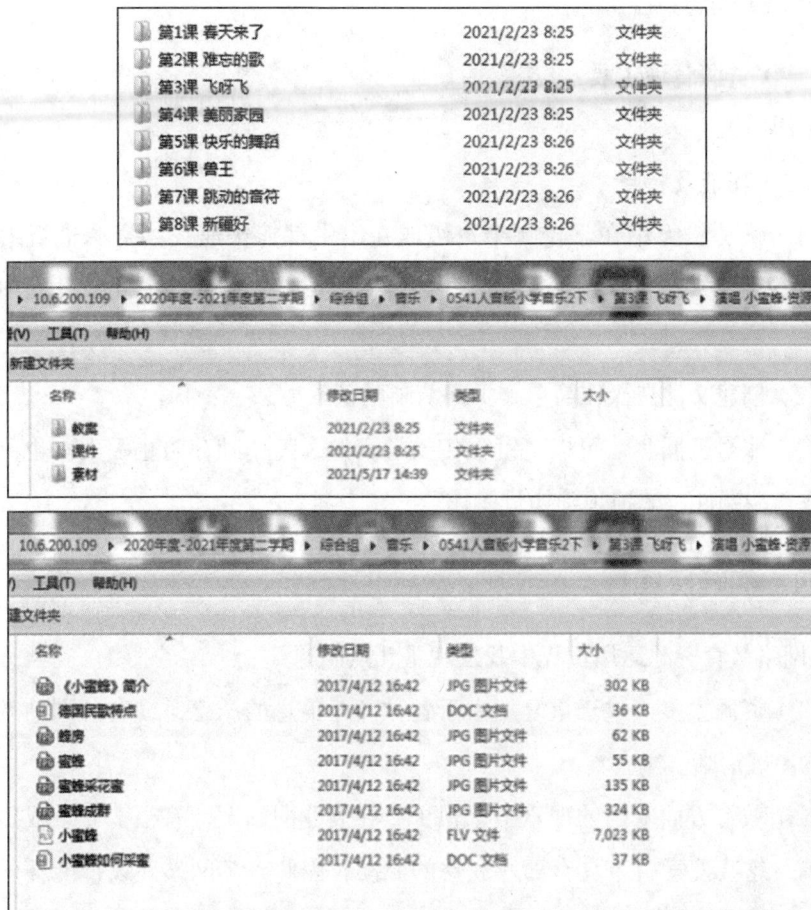

📁 第1课 春天来了	2021/2/23 8:25	文件夹
📁 第2课 难忘的歌	2021/2/23 8:25	文件夹
📁 第3课 飞呀飞	2021/2/23 8:25	文件夹
📁 第4课 美丽家园	2021/2/23 8:25	文件夹
📁 第5课 快乐的舞蹈	2021/2/23 8:26	文件夹
📁 第6课 兽王	2021/2/23 8:26	文件夹
📁 第7课 跳动的音符	2021/2/23 8:26	文件夹
📁 第8课 新疆好	2021/2/23 8:26	文件夹

10.6.200.109 ▶ 2020年度-2021年度第二学期 ▶ 综合组 ▶ 音乐 ▶ 0541人音版小学音乐2下 ▶ 第3课 飞呀飞 ▶ 演唱 小蜜蜂-资源

(V) 工具(T) 帮助(H)

新建文件夹

名称	修改日期	类型	大小
📁 教案	2021/2/23 8:25	文件夹	
📁 课件	2021/2/23 8:25	文件夹	
📁 素材	2021/5/17 14:39	文件夹	

10.6.200.109 ▶ 2020年度-2021年度第二学期 ▶ 综合组 ▶ 音乐 ▶ 0541人音版小学音乐2下 ▶ 第3课 飞呀飞 ▶ 演唱 小蜜蜂-资源

) 工具(T) 帮助(H)

建文件夹

名称	修改日期	类型	大小
《小蜜蜂》简介	2017/4/12 16:42	JPG 图片文件	302 KB
德国民歌特点	2017/4/12 16:42	DOC 文档	36 KB
蜂房	2017/4/12 16:42	JPG 图片文件	62 KB
蜜蜂	2017/4/12 16:42	JPG 图片文件	55 KB
蜜蜂采花蜜	2017/4/12 16:42	JPG 图片文件	135 KB
蜜蜂成群	2017/4/12 16:42	JPG 图片文件	324 KB
小蜜蜂	2017/4/12 16:42	FLV 文件	7,023 KB
小蜜蜂如何采蜜	2017/4/12 16:42	DOC 文档	37 KB

图1-2-2 学校服务器

3. 移动云空间

图1-2-3 移动云空间

三、方法介绍

（一）资源管理工具

希沃白板。

（二）功能及特点

（1）优势：无论在学校哪个班级或在家中都能快速找到资源进行编辑。平台上有许多老师的优秀课件可以参考使用，这使教师们在备课过程中轻松不少。

（2）创建文件夹操作简单，页面清晰明了。

（3）账号云同步。可以一键上传云端资源，随用随存防止丢失。也可以随时调取云端课件，减掉烦琐拷贝操作。

四、实践反思

在网络教育资源运用过程中我发现了几点问题：

（1）资源太多，过于重复。由于各种商业信息的诱惑，或者各网站教育资源结构不够清晰。

（2）教育方面专门的搜索引擎很少。在商业网站上，有很多非常成熟的搜索引擎，这些搜索引擎具有商业利益的驱动，因此整个网站建设都能够朝着比较良性的方向发展。但是对于教育网站，由于经费等方面的问题，要设置专门的搜索引擎功能往往是比较困难。

（3）动态教学资源不足。

（4）网络资源应用中的学习互动设计不足。

针对以上问题，我提出几点能思考到的解决方式：

（1）研究网络教育规律，加强"教学设计"。

（2）规范网上教育资源的信息。

（3）加强教学资源共建共享机制建设步伐，避免资源的重复建设。

《Unit3 On Vacation》A2能力点认证

一、基本信息

应用模式	√多技术融合　智慧教育		实践教师	冯燕婷
所属维度	学情分析	√教学设计	学法指导	学业评价　融合创新

二、成果展示

本案例选取日常工作中使用较为频繁的两种资源管理工具——服务器和云空间进行阐述和展示。

1. 服务器

工作资料为一级目录；下面按照年级分为二级目录（含五个文件夹）；其中的五年级文件下面按照类别分为三级目录（班级资料和英语教学资料）；英语教学资料下分为四级目录（上学期和下学期）；上学期英语教学资料按照各个类别分为五级目录（行动记录本等文件夹）。

图1-2-4　服务器目录

2. 云空间

个人盘为一级目录；下面按照类别分为二级目录（个人资源、教学资源和能力点）；教学资源按照类别分为三级目录（教案、照片和视频资源）；照片按照具体类别分为四级目录。

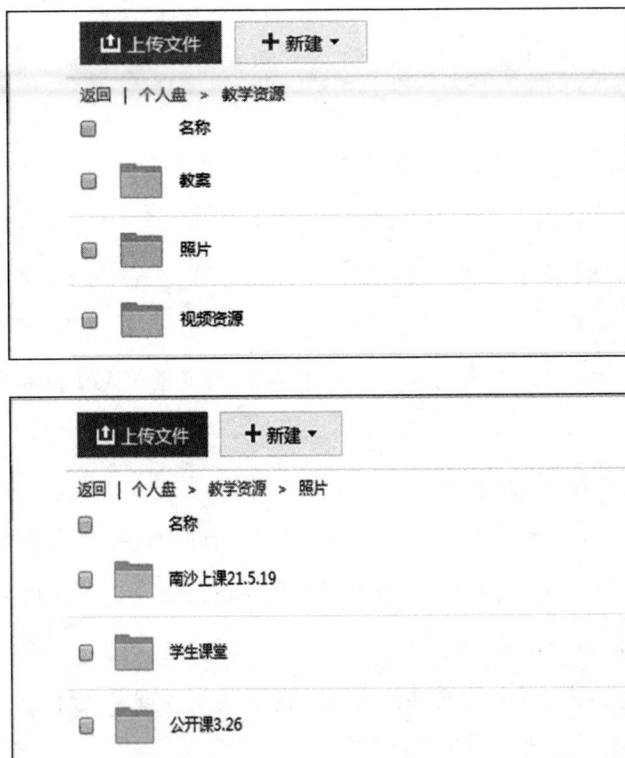

图1-2-5 云空间

三、方法介绍

（一）资源管理工具：（工具名称）

云空间

（二）功能及特点

作为教师，在日常教学中经常会进行文件存储、上传、下载以及整理等工作，云空间作为一种网络资源管理工具，可以实现家、学校、办公室以及教室等空间互通、资源共享等便捷功能，为教育教学工作提供了便利。

1.特点

在实际教育教学中，云空间作为网络存储的资源管理工具，极大地方便了教师的工作。移动云空间分为电脑版和手机版。通过账号可以同步移动的空间存储资源。移动云空间电脑版是中国移动官方推出的云存储客户端，提供海量空间的对象存储服务，为用户提供了一个易用、安全的个人数据同步服务，具备高性能、高可靠、安全、低成本特性。

2. 功能

云空间为用户私有网盘，支持用户新建文件夹、上传、下载、移动（剪切）、复制、重命名、多版本、删除文件和属性查看，并支持文件分享给公司内其他成员和以链接方式分享给其他用户。

3. 使用及操作

（1）点开网页或者手机APP，输入账号密码（手机APP自动登录已保留账号密码）。

（2）点击个人盘或者群组盘。

（3）点击功能栏的上传文件，在弹出的对话框中选择一个或多个文件/文件夹上传，成功上传的文件/文件夹会出现在当前目录下。也可以将文件/文件夹拖拽到上传框里面进行上传。

（4）点开相应文件夹的文件，可以选择下载或者查看文件。

四、实践反思

在实际运用中，手机版的云空间对于照片的收集、处理、整合、存储和应用非常便捷，而对于文件等资源的处理则更多地使用电脑版的云空间。通常班级的电脑会发生网络不畅的问题，由此会造成网页打开慢而影响了正常工作。为了避免该问题，在班级电脑上安装云空间电脑版的软件。

关于资源命名，可以根据时间、类别及功能等结合个人的喜好和习惯对资源进行分类命名和存储。在资源检索方面，根据所分类的文件对搜索的资源进行不断增加关键词缩小范围的搜索。

A3微课程设计与制作

《要是你在野外迷了路》A3能力点认证

一、基本信息

教学主题	要是你在野外迷了路	所属学科	小学语文
教学对象	二（2）班	任课教师	黄碧红
所属环境	√多技术融合　　智慧教育		
能力维度	学情分析　　√教学设计　　学法指导　　学业评价　　融合创新		

二、微课程设计方案

（一）教学目标

1. 知识与能力

（1）巩固本课生字。

（2）正确、流利、有感情地朗读诗歌。

（3）掌握一些辨别方向的方法。

2. 过程与方法

（1）通过朗读诗歌，体会大自然的奥秘和情趣。

（2）通过朗读课文大致了解诗词的意思。

3. 情感、态度与价值观

（1）感受阅读的乐趣，学会辨别方向的方法。

（2）培养学生对大自然的热爱，有留心周围事物、发现科学知识的意识。

（二）教学流程

1. 导入

（出示图片）小朋友们去踏青，本来是多快乐的一件事情呀！可真没想到，三三两两结伴游玩时，这几组小伙伴忘记了时间，也找不到集合地点了！

2. 提出问题

小朋友，要是在茫茫的野外迷了路，怎么办？

3. 问题

（1）太阳东升西落，中午时太阳在南方，树影在北方。

（2）夜晚，北极星高挂北方，北斗七星围绕它转。

（3）同一棵大树一边枝叶稠，一边枝叶稀。

（4）雪化得快的是南边。

4. 总结

大自然是一本读不完的书。只要你留心观察，多动脑筋，就会发现大自然的许多奥秘。

5. 拓展

老师给大家推荐两套好书（课件：《十万个为什么》《少年儿童百科全书》），希望大家能从那里获取更多关于大自然的知识。

（三）内容设计

1. 设疑导入，揭示课题

（1）小朋友，如果你在城市迷了路，会怎么办呢？

（2）要是在茫茫的野外迷了路，借助天然的指南针找路。导入课题，板书课题。

2. 范读引路，整体感知

（1）师范读课文，生勾画出哪几种天然指南针。

（2）指名汇报，出示图片。

3. 精读课文，细细品味

（1）创设情境，自读自悟：

①（图：一群小伙伴在野外旅游迷路）

② 确定小组读文方式，寻找指路的方法，登记在表格上。

（2）扶放结合，朗读感悟：

① 小组代表朗读课文，汇报辨别方向的方法。

② 相互质疑、释疑。对讲得不明确或不准确的地方，教师给予点拨、纠正。

4. 创设情境表演，深化认识

（1）指名戴上太阳、北极星、大树和积雪的头饰。

（2）生生互动，合作表演。

5. 延伸拓展，引导发现

孩子们，大自然是一本读不完的书。只要你留心观察，多动脑筋，就会发现大自然的许多奥秘。

三、实施思路

微课可以帮助学生完善知识结构、加深知识理解，这是一首以自然科学为题材的儿童诗歌，向我们介绍了几种辨别方向的方法。通过微课的方式能够提高同学们的成绩、提升大家的学习兴趣，引起孩子们对大自然的极大兴趣，并使他们懂得，只有留心观察，才能发现大自然的许多奥秘。

四、微课程设计与制作总结

本微课是基于这节课的教学设计思想，使用多媒体技术在五分钟内就本课的目标进行针对性讲解、模拟教学情境。模拟一对一教学，既注重教师的教，更注重学习者的学习。

选题时选择适合用多媒体的课，适合加入丰富的图形图像、多姿的动画、声色兼有的视频。

PPT只要放核心内容，不能照本宣读，注重PPT内容对学生的启发性。而不是一味地讲解灌输，让孩子真正成为课堂的主人。通过多种形式的读而理解文章，用感情驱动语文知识。

重视资源的开发和利用，重视通过钻研、利用教材，引导学生走向更广阔的语文学习空间。

五、学生体会

学生体会：在这节课中，我领悟到大自然的神奇，知道相关知识，激发了我热爱大自然的兴趣，课文的结构简单，我们一学就会了，还能拓展运用到写作中去。我觉得学习效果好。

学生体会：在这节课中，我们知道了四种天然的指南针：太阳、北极星、大树、积雪，这一切对于我们小学生来讲是多么有趣。丰富的知识，秀丽的小诗，把我们带入大自然那美妙的境界。

《火烧云——火烧云色彩的美》A3能力点认证

一、基本信息

教学主题	火烧云——火烧云色彩的美	所属学科	小学语文
教学对象	三（2）班	任课教师	李平
所属环境	√多技术融合　　智慧教育		
能力维度	学情分析　　√教学设计　　学法指导　　学业评价　　融合创新		

二、微课程设计方案

（一）教学目标

1. 知识与能力

（1）正确、流利、有感情地朗读课文。

（2）体会火烧云颜色的美，积累颜色的词语。

2. 过程与方法

（1）通过朗读课文，体会火烧云的美。

（2）通过朗读课文，感受火烧云颜色变化多。

3. 情感、态度与价值观

体会火烧云颜色的美，学习作者仔细观察、生动描写的方法。

（二）教学流程

1. 导入

（出示图片）你见过这样的云吗？你在什么地方、什么时候见过这样的云？

2. 提出问题

昨天同学们已经在畅言晓学上面读过这篇课文，有哪些是表示火烧云的颜色？作者运用了哪些方法来写火烧云色彩的变化的呢？

3. 解决问题

（1）课文中表示火烧云颜色的词语有：红彤彤、金灿灿、葡萄灰、梨黄、茄子紫、半紫半黄、半灰半百合色。

（2）那请同学再读读课文，作者运用了以下方法写火烧云色彩的变化：

①恰当运用比喻，写出了火烧云的色彩和形态的美。

②用重叠式的词语，写出色彩的浓、深。

③用并列式的词语，写出两种颜色混合在一起。

④用比喻式的词语，写出火烧云的颜色像某些实物的颜色一样，给人以形象感。

（3）天空中这么多的颜色交织在一起，那是多美的呀！能不能用恰当的词语概括出火烧云颜色变化多呢？

4. 拓展

你觉得还会有哪些词语呢？仿照文中表示颜色的词语说一说。

紫微微、黄澄澄、红艳艳；玫瑰红、桃红、鱼肚白；半青半黄、半红半紫。

5. 总结

同学们需要留心观察，学会作者的认真观察，写出大地间的奇观，大自然的美。

（三）内容设计

1. 导入

（出示图片）你见过这样的云吗？你在什么地方、什么时候见过这样的云？《火烧云》一文是著名女作家萧红以热情酣畅的笔墨给我们勾画了一幅绚丽多姿的火烧云图景。课文描写了日落时晚霞的美丽景象，特别是那绚丽的颜色，令人浮想联翩，给我们留下了深刻的印象。

2. 提出问题

作者运用了哪些方法来写这色彩的变化的呢？

3. 解决问题

（1）昨天同学们已经在畅言晓学上面读过这篇课文，有哪些是表示火烧云的颜色？

红彤彤、金灿灿；葡萄灰、梨黄、茄子紫；半紫半黄、半灰半百合色。

（2）作者运用了哪些方法来写火烧云色彩的变化的呢？

①恰当运用比喻，写出了火烧云的色彩和形态的美。

天上的云从西边一直烧到东边，红彤彤的，好像是天空着了火。

把火烧云颜色的变化说成是天空着了火，不但写出了火烧云颜色的红，更写出了云彩烧的动作，写出火烧云的恢宏气势，这是天地间的奇观，是大自然的杰作，也是一幅无比壮丽的图画。

②用重叠式的词语，写出色彩的浓、深。

这地方的火烧云变化极多，一会儿红彤彤的，一会儿金灿灿的……

这句话话中，"红彤彤""金灿灿"都是ABB式的词语。"红彤彤"形容火烧云很红；"金灿灿"则写出了火烧云颜色之深，犹如金子一样闪闪发光，鲜明耀眼，光彩夺目。想象一下，红彤彤的、金灿灿的，这颜色多么耀眼，色彩是多么浓烈呀！

③用并列式的词语，写出两种颜色混合在一起。

一会儿半紫半黄，一会儿半灰半百合色。

"半紫半黄""半灰半百合色"形容火烧云变化的一刹那间，同时出现两种不同的颜色，并且混为一体，非常好看，清晰可辨。

④用比喻式的词语，写出火烧云的颜色像某些实物的颜色一样，给人以形象感。

葡萄灰、梨黄、茄子紫，这些颜色天空都有。

"葡萄灰""梨黄""茄子紫"这些词语是在表示颜色的形容词前面加上实物名，这不仅形象地写出了火烧云的颜色变化像葡萄一样的灰色，像梨一样的黄色，像茄子一样的紫色，使人感到鲜明清晰，好像亲眼所见一样，而且语言简练、明快。

（3）天空中这么多的颜色交织在一起，那是多美的呀！能不能用恰当的词语概括出火烧云颜色变化多呢？

五颜六色、色彩斑斓、五光十色、五彩缤纷。

4. 拓展

你觉得还会有哪些呢？仿照文中表示颜色的词语说一说。

紫微微、黄澄澄、红艳艳；玫瑰红、桃红、鱼肚白；半青半黄、半红半紫。

5. 总结

同学们需要留心观察，学会作者的认真观察，写出大地间的奇观，大自然的美。

三、实施思路

微课可以帮助学生完善知识结构、加深知识理解，并突破这一课的教学重难点——感受火烧云的色彩美，教师在微课中通过让学生反复读课文，让学生积累了火烧云颜色的词语，明白了运用哪些方法来写火烧云色彩的变化，并把学到的内容运用到实际中，还有哪些颜色的词语可以感受色彩的美，这样既让学生积累了语言，又学会了运用语言的能力，而且学会让同学们需要留心观察，学会作者的认真观察，写出大地间的奇观，大自然的美。希望通过微课的方式能够提高同学们的成绩、提升大家的学习兴趣。

四、微课程设计与制作总结

一是选题，微课重在解决疑难，突出的应该是个性问题，是教学的某个环节，是教学中的难点突破，课后的习题讲解。微课的作用是解惑，而不应该是授业。我选的是《火烧云》，确定了主题后就要搜集材料了。

二是撰写教案，虽然是微课，教案中的环节也要详细，条理要清晰。必要的是课题、学科、适应年级、学生的认知起点、作品分析、基本流程都是要齐全的，在教学流程设计时参考教学用书，不能"拿来主义"，要有自己的见解，有思想、有价值、有创新，真正起到解惑的作用。

三是制作一个PPT课件，课件起到的是一个引领的作用，要体现出一定的现代教育技术，展现出新时代教师的科技水平。语文课件中一个不可忽视的方面是要让学生见多识广，有所见识才能有思想，有分析能力，写作时眼界也宽广。古人云："读万卷书行万里路"就是这个道理。

四是录制整合材料，录制可以用PPT，也可以用平板的录屏软件，并且可以用格式工厂，或者用Camtasia 9来剪切。

五、学生体会

学生1：李老师微课讲解了火烧云色彩美。这节课一开始以用需要美丽的图片导入，激发了我的学习兴趣，然后自然过渡到课文学习中，通过图文结合方式向我逐一讲解火烧云的特点，抓住了我的注意力，我可以一边看景色一边理解句子的意思，使我的学习兴趣浓，学习效果好。

学生2：李老师的图片让我认识这几种颜色，给我以直观的感觉，体会火烧云颜色美，变化多，又发展丰富了我的语言。

A4探究型学习活动设计

《沉浮与什么因素有关》A4能力点认证

一、基本信息

教学主题	沉浮与什么因素有关	所属学科	科学
教学对象	五年级	任课教师	廖燕娴
所属环境	√多技术融合 智慧教育		
能力维度	学情分析 √教学设计 学法指导 学业评价 融合创新		

二、探究型学习活动设计

（一）学习主题与目标

1. 活动主题

沉浮与什么因素有关。

2. 学习目标

（1）知识与技能目标：不同材料构成的物体，如果体积相同，重的物体容易沉；如果质量相同，体积小的物体容易沉。

学生知道潜水艇是通过改变自身的重量，而体积不变来实现沉浮。

（2）过程与方法目标：用控制变量的科学方法，探究物体沉浮的原因。

学习用分析的方法研究影响沉浮的因素。

（3）情感态度与价值观目标：感受科学原理应用于实际的巨大作用。

（二）技术/资源的应用设想

学生开展合作学习、学习过程的工具：每个小组提供学习平板，让小组分工合作，在小组探究学习的过程中，每个小组录制实验的演示视频，记录探究性学习的学习过程。

学生开展合作学习、学习过程的平台：畅言晓学APP。

学生开展合作学习、学习过程的资源：教师提前录制开展实验的微课，让同学们自主探究学习。

（三）学生情况

学生在前面的学习中已经有熟练使用平板工具的能力，并且可以自己录制微课加上旁白，本次的探究性学习活动是让学生小组分工配合，同组的同学完成实验操作，录制视频，记录实验结果及现象说明的任务。本节课的探究任务是：探究物体的沉浮与什么因素有关。学生在前面的学习中已经知道：对于同一种物体，沉浮与自身的重量和体积无关。在此基础上，进一步探究对于不同的物体的，它的沉浮与什么因素有关。学生在之前的学习中已经了解过控制变量法，并且已经会用控制变量法来设计实验方案，本节课要求同学们在设计好方案的基础上还需要进一步开展实验，并获得探究性实验结果。

（四）探究任务

分析物体在水中的沉浮规律。第一个探究任务要求：先按体积大小顺序排序排列七种物体，开展实验，判断这些物体的沉浮情况。第二个探究任务要求：按轻重顺序排序排列七种物体，继续开展实验，判断这些物体的沉浮情况。第三个探究任务要求：用控制变量的科学方法，探究体积相同，轻重不同的物体的沉浮情况。第四个探究任务要求：探究质量相同，体积不同的物体的沉浮情况，从而探究得出物体沉浮的原因。班级同学分小组开展这些探究性实验活动，在学习任务单的引导下，利用信息化技术手段，录制实验讲解视频，最后全班进行展示，完成本课的任务并体现学生"做中学"的教育理念。

（五）活动过程

教师先面向全体学生讲解物体沉浮的基本理论知识，引导学生开展探究性学习活动。学生开始按照探究任务要求，分组设计探究实验方案。按照实验方案，学生开始开展探究性实验。利用信息化手段，展示同学们的探究过程与探究结果。

三、技术或学习资源的应用

学校为每位学生配备了一台学习平板电脑，利用这些信息化技术工具可以供学生进行自主探究学习。教师在课堂中也录制了相关的实验微课，给学生开展探究性学习提供了学习资源。

四、评价要求

在本课中，教师准备的实验材料比较丰富，充分激发了学生的学习兴趣。在课堂教学过程中，学生的参与度较高，基本每个学生都能参与课堂，小组分工合理，最后都能完成实验探究任务并完成录制实验讲解视频的任务。在分享展示环节中，也锻炼了学生的语言表达能力。对学生进行评价，主要从以下几点进行说明：1.学生是否掌握物体沉浮的理论知识。2.各小组学生是否能完成实验方案的设计。3.各小组是否能分工合作，一起完成探究性实验。4.学生是否能对自己的探究结果进行阐述。5.各小组的探究性实验是否能得出正确的结果。6.学生在这个探究活动中是否积极参与其中。

五、活动总结

对于科学课来说，传统的听讲模式不能满足学生的探究学习需求。利用信息技术手段整合学习资源可以很好地激发学生的学习兴趣。在这堂课中，教师布置的是一个比较新颖的任务，就是录制实验的演示讲解视频。这个小组任务布置下去之后，小组成员之间自然而然就形成了密切的合作。最后的成果展示，不但让学生体会了收获的喜悦，也更加让学生感受到信息化技术给学习带来的乐趣。

《物体在斜面上运动》A4能力点认证

一、基本信息

教学主题	物体在斜面上运动	所属学科	科学
教学对象	三年级	任课教师	何家伟
所属环境	√多技术融合　　智慧教育		
能力维度	学情分析　　　√教学设计	学法指导　　学业评价	融合创新

二、探究型学习活动设计

（一）学习主题

物体在斜面上运动

（二）知识与技能目标

（1）不同物体在斜面上的运动情况是不一样的。

（2）物体的形状和它在斜面上的运动情况有一定的关系。

（三）过程与方法目标

搭建斜面进行实验，观察、描述、比较物体在斜面上的运动情况。

（四）情感态度与价值观目标

（1）关注物体在斜面上的运动情况。

（2）愿意跟同伴合作探究。

（3）能认真观察实验现象，并以事实为依据开展交流研讨。

（五）技术/资源的应用设想

1. 学生

工具：畅言平板学生机。

技术平台：畅言晓学APP、爱科学APP。

技术环境：智慧教育教学环境。

2. 教师

工具：畅言平板教师机。

技术平台：畅言晓学APP。

技术环境：智慧教育教学环境。

教师通过使用畅言晓学APP，发布课前学习任务，诊断学生的学情。学生可以在畅言平板中，使用爱科学APP查阅相关资料。课中，教师通过畅言晓学APP发布探究任务，学生根据教师发布的探究任务要求完成探究实验任务，并且通过畅言晓学APP提交实验数据，教师通过畅言晓学APP中的数据分析，了解到学生的探究实验任务情况。

（六）学生情况

三年级学生，对于物体在斜面上的运动，学生生活中有相关的经验，如滑梯上人体的滑动，山坡上的滚动，斜面上车轮的滚动等。但是在斜面上有些物体是静止的，这种情况学生关注的比较少。所以通过探究型活动，创设生活中的情景，提出问题，让学生根据问题进行探究，进行实验设计，开展实验，观察并记录实验现象，得出结论。

（七）探究任务

探究物体斜面上的运动情况。

探究不同物体在斜面上的运动情况是否一致，是什么运动形式。

探究同一种物体，在不同的斜面坡度上的运动情况。

（八）活动过程

1. 提出问题

（1）物体在斜面上会怎样运动？

（2）不同物体在斜面上的运动情况一样吗？是什么运动形式？

（3）如果将斜面一端逐渐增高，物体会怎样运动？

2. 制订探究计划

（1）准备实验材料

（2）制订实验步骤

（3）活动注意事项

3. 合作探究

探究一：

（1）制作一个坡度较小的斜面。

（2）预测实验结果。

（3）轻放物体在斜面上端。

（4）观察物体运动情况并记录。

（5）观察更多不同形状的物体在斜面上的运动情况。

探究二：

（1）制作一个坡度较高的斜面。

（2）预测实验结果。

（3）轻放物体在斜面上端。

（4）观察物体运动情况并记录。

（5）观察更多不同形状的物体在斜面上的运动情况。

4. 活动小结

（1）不同物体在斜面上的运动情况不一样，会滚动、滑动或静止。

（2）将斜面的一端增高，物体运动的速度会加快。

（3）物体的运动情况会与物体的形状、斜面的坡度有关系。

三、技术或学习资源的应用

通过使用畅言平板学生机，学生可以通过使用畅言晓学APP获取到教师分享的微课/视频资源学习，并且还可以使用爱科学APP、百度搜索引擎查询学习资料。

四、评价要求

内容	评价指标		等级		
实验活动评价	参与程度	1.参与深度和广度			
		2.参与的时机与效率			
	实验分工	分工是否合理			
实验活动评价	实验操作	1.实验假设计划			
		2.动手操作、自主、合作探索的能力			
		3.实验观察，能做到细致观察及时记录			
		4.每组数据是否是三次以上的平均值			
	实验分析	1.根据数据分析结果			
		2.每个组员说明实验原理			
	数据汇报	语言组织是否得当，简单明了			
综合评价	实验报告的填写				
	学习态度				
	学习兴趣				

五、活动总结

《物体在斜面上运动》这一课通过探究型学习活动，改变了以往的传统教学模式，突出了学生的主体性，让学生做课堂的主人，教师在课堂中起到的角色是引导者，学生根据探究问题，设计相应的活动设计，并且进行实验，从而得出实验结论。并且结合信息化，使用畅言晓学，爱科学等工具，学生可以通过信息化手段完成教师布置的教学任务，做到课前学习，课中记录，课后巩固。大大地激发了学生的学习兴趣。课中记录，使用平板互动的方式分享各组之间的实验结果，各组之间可以相互观看，可以提高课堂效率。课后巩固，使用畅言晓学完成课后任务，学生之间可以互相点赞评论。提高了学生之间的交流，也提高了学生的评价能力。

第三章

学法指导

A5技术支持的课堂讲授

《平行四边形的面积》A5能力点认证

一、基本信息

教学主题	平行四边形的面积	所属学科	数学
教学对象	五年级	任课教师	李晶
应用模式	√多技术融合　　智慧教育		
所属维度	学情分析　　教学设计　　√学法指导　　学业评价　　融合创新		

二、教学设计

（一）教学内容分析

　　《平行四边形的面积》是人教版小学数学五年级上册第六单元《多边形的面积》第一课时的内容，本节课主要是让学生通过剪、拼、摆等活动，让学生主动探索平行四边形的面积计算公式，并掌握平行四边形的面积计算公式。

　　本节课通过"两个花坛哪一个大"的问题，引入一个实际问题，就是计算两个花坛的面积，继而提出如何计算平行四边形的面积问题，在课上通过数格子的方法让学生计算长方形和平行四边形的面积，主要是引导学生通过比较它们的底（长）、高（宽）和面积，来暗示这两个图形之间的联系，为学生进一步探寻平行四边形的面积的计算方法做准备。在具体教学中，教师引导学生经历"联想—猜想—实验—结论"的过程，探索平行四边形的面积的计算方法。在操作过程中要尊重学生的个性化思考，鼓励策略多样化，重视渗透"转化"的数学思想。

本节课的教学重点是掌握平行四边形的面积公式的推导过程和平行四边形的面积的计算，教学难点是理解平行四边形的面积公式的推导过程。

（二）教学目标分析

（1）知识与技能目标：通过剪、拼、摆等活动，让学生主动探究平行四边形的面积的计算公式。

（2）过程与方法目标：掌握平行四边形的面积的计算公式，并能解决实际问题。

（3）情感态度与价值观目标：培养学生初步的空间观念及积极参与团结合作，主动探索的精神。

（4）学科核心素养目标：培养学生的动手操作能力，渗透"转化"的数学思想。

（三）教学对象及特点

五年级学生已经初步基本具备自己动手操作能力，学习能力也有所提高。本班学生中下层生较多，理解能力欠佳，但是对数学的学习兴趣还是很高的，对很多数学知识充满了好奇。班级每个学生都有平板，每个人都能很熟练地操作平板电脑，信息素养较高。

（四）教学环境与信息技术选择

1. 教学环境

智慧教室

2. 信息技术

平板

3. 技术使用的目的

使用平板教学，教师可以及时掌握课前、课中和课后学生的掌握情况。通过收集学生的数据，教师可以及时有针对性地对学生进行辅导，也可以针对学生出现的错误及时调整教学策略。

（五）教学过程设计

教学环节	学生活动	教师活动	信息技术
新课导入	学生认真倾听老师的问题	为了创建文明城市，美化我们的生活环境，珠海市金湾区政府准备要修建两个大花坛（课件出示教材87页情境图） 课前老师给大家布置了三项任务： 1.这两个花坛分别是什么形状？ 2.猜一猜，你觉得哪一个花坛的面积大一些？ 3.用数格子的方式计算它们的面积（数格子的方法：一个方格代表1平方米，不满一格的都按半格计算）	平板出示书本87页情景图作为导入情境
展示与分享	小组汇报，互相补充	找小组来分享自己组的想法，其他小组互相补充	利用平板分享
精准问题提出	学生回答：不能，很麻烦	1.如果是一个很大的平行四边形田地还能用数格子的方法吗？ 2.那用什么方法计算平行四边形的面积既方便又简单呢？试着引导学生假设：是否可以把平行四边形变成一个长方形或正方形来计算出它的面积呢？	利用平板画一画
合作探究	1.学生们动手操作 2.小组汇报 3.口答例1	1.小组合作：动手进行剪、拼、移的操作方法，将平行四边形转化成长方形或者正方形 （学生合作时，教师进行巡视，及时解决学生在操作中存在的问题，适当引导） 2.小组汇报：汇报自己小组的验证过程和结论 3.师生一起探究：平行四边形的面积计算方法（割补法） ①数格子法②割补法（②渗透数学的"转化"思想） 4.教师介绍用字母表示平行四边形的面积（$s=ah$） 5.完成例1（课前预习单的平行四边形） 教师演示计算平行四边形的面积书写方法，养成良好的学习习惯	用平板录制学生操作视频，分享给其他小组

教学环节	学生活动	教师活动	信息技术
随堂检测	课堂检测单完成平板抢答平板作答	1.计算 （1）计算下面图形的面积（只列式，不计算） 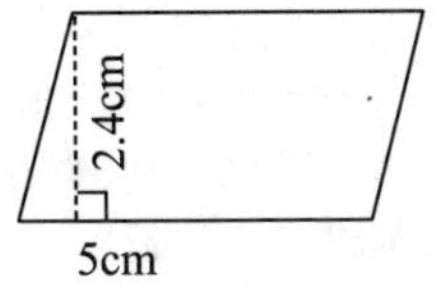 （2） 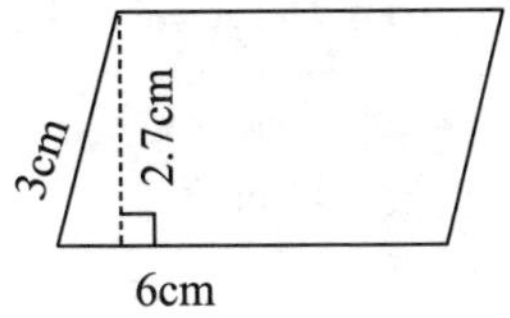 （3） 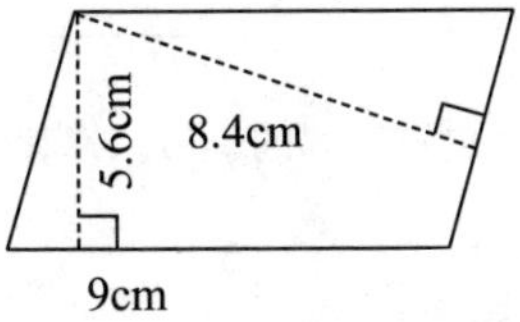 2.填空 （1）通过切割与拼接把一个平行四边形转化成一个长方形，它的面积与原来的平行四边形的面积（ 　　） （2）长方形的长与平行四边形的（ 　　）相等 （3）长方形的宽与平行四边形的（ 　　）相等 （4）长方形的面积=（ 　　） （5）平行四边形的面积=（ 　　） 3.下面图中两个平行四边形的面积（ 　　） A.相等　　　　　B.不相等 C.无法比较 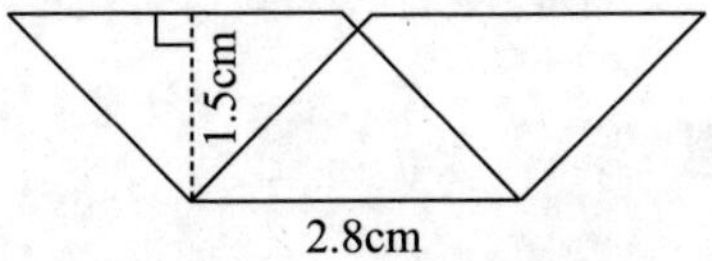	平板出示题目，学生平板做题，提交答案，以及抢答

续　表

教学环节	学生活动	教师活动	信息技术
随堂检测	课堂检测单完成平板抢答平板作答	3.判断 （1）两个等底等高的平行四边形的面积一定相等。（　　　） （2）一个平行四边形的底是5分米，高是20分米，则其面积是100平方分米。（　　　） （3）将一个平行四边形沿高剪开，拼成长方形后，它的面积变大了。（　　　） （4）一个平行四边形的面积是42平方米，高是6米，则它的底是7米。（　　　）	平板出示题目，学生平板做题，提交答案，以及抢答
精准提升	小组用教具演示过程，感受变化	把一个长方形框架拉成平行四边形后，它的周长和面积有变化吗？ 	
课堂总结	学生畅所欲言	通过这节课的学习，你有什么收获？	

三、教学评价设计

教学前的诊断性评价：课前通过平板布置课前学习单，老师可以了解学生的准备情况，也可以了解学生学习困难的原因，由此决定对学生选择适当的教学策略。

教学中的形成性评价：教师通过平板布置本节课对应的习题，老师可以及时收集到学生的掌握情况，以便老师掌握学生的学情，及时调整教学策略。

教学后的总结性评价：老师课后通过平板布置本节课的作业，老师通过收集学生的数据，了解学生本节课的知识掌握情况和运用情况，对当时的教学质量做简单的评估，便于老师课后反思自己的不足，及时改进教学方法。

四、教学反思

在本节课的教学过程中，通过创设两个花坛，哪个大的问题情境引出计算平行四边形的面积？从而引起矛盾冲突，激发了学生的学习兴趣，同时在探究平行四边形的面积的推导过程中，通过课件的演示及学生的动手操作，让学生知道沿高剪开就能拼成一个长方形，利用图形特征之间的联系进行转化，让学生明白图形转化的依据，为学习之后的知识作铺垫。

课前，通过课前学习单让学生完成对应的内容，可以检测到孩子对于数格子的方法是否掌握，让孩子知道平行四边形花坛的面积大概是多少，先进行一个简单的评估，然后再通过实验，动手操作去验证自己的猜想，从而得出平行四边形的面积计算方法，这样一步一步递进，让学生在动手中找到自信，找到学习数学的乐趣，也让整节课有了活力。

课中我通过抢答，拍照讲解，平板客观题直接答题等互动方式，增加了数学课堂的趣味性，也让数学课堂变得更加高效，不用教师一个一个批改，就可以知道班级的整体掌握情况，给自己的教学工作减少了不小的压力，这就是高效的一个体现，也让学生感受到和之前的传统课堂不太一样，有了创新思想在里面。

总之，本节课重视了学生经历知识的过程，发挥了动手操作在探索活动中的作用，重视渗透"转化"的数学思想，让学生在头脑中建构了新的数学模型，并体验到成功的喜悦。

《写意花卉》A5能力点认证

一、基本信息

教学主题	写意花卉	所属学科	美术
教学对象	六年级	任课教师	张敏琳
应用模式	√多技术融合　　智慧教育		
所属维度	学情分析　　教学设计　　√学法指导　　学业评价　　融合创新		

二、教学设计

（一）教学内容分析

《写意花卉》是岭南美术出版社六年级上册第三单元《学画中国画》中的第9课第一课时，本课教学主要是由写意花卉作品欣赏和写意花卉技法学习两大部分内容组成，本课是第一课时。本课的教学内容是了解写意花卉的基本知识，感知中国画独特的美。教学重点是：了解中国画中的写意花卉的意境美，难点：运用欣赏方法分析其他写意花卉作品。

（二）教学目标分析

（1）本课的知识与技能：了解写意花卉的基本知识，感知中国画独特的美。

（2）过程与方法：运用欣赏方法分析其他国画作品。

（3）情感态度与价值观：学习画家"借物抒情"的表现方法，培养学生对中国画的审美情趣，以及对祖国传统国画艺术的热爱之情。学科核心素养目标是文化理解，理解美术形象、现象和作品的文化内涵，在美术教学中进行文化渗透与文化表现。

（三）教学对象及特点

从六年级的学生的起点能力来分析，他们经过五年的学习，积累了一定的造型能力和色彩感知能力。该年龄段的学生对美术课堂已经非常熟悉，对信息化的掌握也比较全面，需要教师利用图片、学生制作的微课、动画等多种教学手段促进学生的奇思妙想。我校主要利用先学后教模式，让学生课前完成课前任务单，带着对课堂的期待进行创意的美术课堂。

（四）教学环境与信息技术选择

（1）教学环境：智慧教室内，师生人手一台教学平板。

（2）使用技术选择：《写意花卉》是一门中国画课程，中国画对学生来讲是比较陌生的，而学生理解中国画中的意境美更是教学重点。运用智慧课堂模式去授课，更好地让学生去从多个感官沉浸式地去感受中国画的意境美。

（五）教学过程设计

教学环节	学生活动	教师活动	信息技术
新课导入	学生思考	1.讲述齐白石的故事，设问为什么齐白石是中国画第一人 2.比较工笔画、写意画的区别，引出齐白石的"红花墨叶"画荷法 3.比较齐白石作品中"红花墨叶"与实际荷花的不同，引出写意画的概念	平板同屏
提出问题	在欣赏中学习画家的立意构图及用笔、用墨、用色等技法特点。 观察富贵竹，体会其品格。	如何发现写意花卉的美？ 笔墨美： 活动一：快速找一找画家作品中的用笔方法。用笔方法：中锋用笔、侧锋用笔。 活动二：学习浓、淡、焦三种墨色，找出画家作品中的墨色变化。作品中含水墨量的差异，有干、湿、浓、淡的变化 构图美： 首先讲解三角形构图、之字形构图的含义，其次学生快速自主找出画家作品中的构图方法 意境美： 活动一：①欣赏梅花的视频，并提出问题：视频中展示的是什么花卉？在什么时候盛开？这体现了什么样的品格？ ②播放《墨梅》儿歌视频，引出王冕的国画《墨梅》，讲解王冕的生平故事，以王冕的古诗《墨梅》分析国画中的意境美，体会诗歌的意境 活动二：观察桌上的富贵竹，从视觉、触觉、嗅觉观察富贵竹，引出竹子的品格。欣赏郑燮的《竹石》，以朗读古诗的形式来代入欣赏中国画中的意境美	平板同屏
精讲提升	学生思考并回答	观察黑板上的示范作品，设问：你觉得这两张画放在什么环境比较好呢？（以实物的方式理解意境美）	
合作探究	小组合作	以小组为单位合作欣赏2张中国画，并以拍卖会的形式制作介绍卡	平板——合作探究
展示分享	小组展示	小组成果展示	平板——作品展示
课后衍生	思考回答	你学会了什么？从欣赏的国画中学到坚持自己的原则，不媚俗，热爱大自然，用书画表达自己的内心，用所学方法在课后欣赏写意花卉	平板同屏

三、教学评价设计

以小组为单位举行小型的中国画拍卖会，展示有代表性的作品。

你最欣赏哪幅作品？说说你的理由。

四、教学反思

一节课必须明确重点和难点，在小学阶段，国画欣赏课的重点应该在意境美，让学生在欣赏国画的同时，学习画家在画面上所隐藏着的借物抒情，表达画家高尚的品格。因此，《写意花卉》的重点我定为：了解中国画中的写意花卉的意境美。难点我定为：运用欣赏方法分析其他写意花卉作品。在第一次上课的时候，我将诗歌带入课堂，利用听觉带动学生的感官性去感受写意花卉的意境美，但是我发现这样仅仅是让学生对这幅国画好奇而已。

一堂课只是老师干讲，并不能让学生全方位地理解知识，如果利用五感教学呢？视觉、听觉、触觉、嗅觉、味觉五种感官共同感受，人的接受知识的层次会更多。因此在讲解郑燮《竹石》这幅写意画之前，我设置了一个活动环节。在学生的桌子上放上富贵竹，让学生从视觉、嗅觉、触觉等感觉去观察富贵竹的颜色、味道、触感等等，以此感受竹子的品格。从竹子的品格再延伸到郑板桥的《竹石》这幅写意画，更深层次地去感受郑板桥《竹石》的意境美，让学生去思考画中竹子为什么是黑白的，反映了画家什么样的情感等等。

A6技术支持的总结提升

《Unit5 Being Helpful》A6能力点认证

一、基本信息

教学主题	Unit5 Being Helpful	所属学科	英语
教学对象	六年级	任课教师	文燕
所属环境	√多技术融合　　智慧教育		
能力维度	学情分析　　　教学设计　　√学法指导　　学业评价　　融合创新		

二、教学设计

（一）教学内容

总结提升环节的教学内容：

发送微课，让孩子了解父母为我们付出的一切。

利用平板电脑讨论的功能，让孩子在讨论区进行讨论。

最后将讨论的内容写成一篇作文，让学生拍照上传，上传后老师可以第一时间看到学生的作品，学生也可以相互评价。

讨论的句型：

Can you hang up my clothes?

Sure. I'll hang them up. I'm proud of you.

Can you take out the trash? Sure. I'll take it out.

Can you clean up my room? Sorry. I'm busy now.

（二）教学目标

总结提升环节的教学目标：通过老师发送微课，了解父母为我们付出了什

41

么，让学生知道父母培养我们长大多不容易，接着学生讨论，要多帮父母做家务，做自己力所能及的事情，去报答父母的养育之恩。

（三）应用信息技术或工具

智慧课堂平板中的讨论工具和学生写作文拍照上传。

（四）所选技术及技术使用的说明

智慧课堂平板中互动里的讨论工具，教师发布PPT，让学生根据PPT页上的问题进行文字输入讨论。利用提问工具里面的学生拍照上传功能，老师可以第一时间看到孩子的作文，学生也可以相互评价。

技术使用的目的：

利用讨论这一工具，让学生通过图片等创设的环境和任务，激发学生的兴趣，刺激学生主动积极参与探索。同时，通过文字的输入，让学生能共同分享大家的见解，对学生认知结构的形成和发展是十分有利的，并且能集思广益，学习别人的想法。

（五）教学过程

（1）发送微课。

（2）利用平板电脑讨论的功能让孩子实现即时讨论。

（3）最后将讨论的内容写成一篇作文，让学生拍照上传，教师终端查看，学生也可以相互评价，让学生能共同分享大家能在家为父母做什么。

三、教学反思

教师用微课发送给学生看，学生看到很感动，利用平板去制作这个微课比较简单快捷，学生很感兴趣。利用讨论这一工具进行提升活动实施效果良好，学生对话题比较感兴趣，特别对于一些内向的孩子，用输入语言的方法，会减少他们的思想负担，更乐于参与活动。最后，学生写作文拍照上传到平板，学生可以相互评价，可以了解哪位同学在家最积极做家务。信息技术是现代化教育进步不可缺少的，课堂上信息技术的应用能提高学生的兴趣，以及提高教师上课的效率，不过信息技术的应用还存在一些局限，如讨论除了用文字输入，能否进行语音对话等。

《Unit2 Our New Home》A6能力点认证

一、基本信息

教学主题	Unit2 Our New Home		所属学科		英语
教学对象	四年级		任课教师		范育莲
所属环境	√多技术融合　智慧教育				
能力维度	学情分析	教学设计	√学法指导	学业评价	融合创新

二、教学设计

（一）教学内容

学生画出自己的家，并写一段话进行介绍。平板拍照上传，学生互评，教师评价，推荐出优秀作品。

（二）教学目标

（1）学生能掌握There be句型。

（2）学生能够养成检查的习惯。

（3）学生能够懂得：East or west，home is best。

（三）应用信息技术或工具

智慧课堂平板—提问—主观题—拍照答题。

（四）所选技术及技术使用的说明

教师利用平板教师端展示自己的作品分享给学生，并提问，学生利用平板学生端拍照上传自己的作品，并对其他同学的作品进行点赞评论。

技术使用的目的：利用平板的拍照答题功能，让学生能在最短时间内向其他同学介绍自己的家，既有利于学生巩固There be句型，又有助于学习别人的表达，并且也能让同学之间互评，指出别人的错误。

（五）教学过程

教师利用平板教师端展示自己的家的图片，引导学生一起用There be句型介绍老师的家。利用平板分享给学生，要求学生在任务单上画图并写作文介绍自己的家，拍照上传。学生之间互相点赞、评论、推荐，系统自动生成典型作品。教师评价，引导学生East or west，home is best。

三、教学反思

教师用平板—提问—拍照答题，这一工具，进行总结提升，活动实施效果良好。学生话题熟悉，加上利用平板的互评功能，学生参与活动积极性明显提高，为学生提供了二次学习的机会。课堂上信息技术的应用优势很多，但也有不足之处，体现在创设情境等方面。如果能让学生将画自己的家，变成平板的拖拽拼组房子，可能更符合情境，也更能调动学生的学习积极性、参与感。

A7技术支持的方法指导

《Unit 2 Vacation Plans》A7能力点认证

一、基本信息

教学主题	Unit 2 Vacation Plans	所属学科	英语
教学对象	五年级	任课教师	曾健怡
应用模式	√多技术融合　　智慧教育		
所属维度	学情分析　　教学设计　　√学法指导　　学业评价　　融合创新		

二、教学设计

本课围绕课文主题"Vacation Plans"进行对话，阅读和写作练习。首先，老师设置假期外出旅游的情境，让学生根据情境进行对话学习，让学生在较真实的情境中使用所学的单词和句型，检验学生的知识掌握水平。另外，围绕课文主题进行延伸练习，练习形式包括阅读，听力以及写作等，培养学生的多维知识发展。

在写作练习中，学生需根据本节课所提供的线索一起写成作文，并以此为例文，写出自己的假期计划。通过信息技术的多媒化、情景化、帮助学生有效地理解和掌握具体方法。学生学习本单元的方法的学习有助于学生触类旁通、融会贯通，会自己写简单的小作文。

（一）教学主题

本节课的主题是假期计划，让学生围绕主题进行对话，根据所给的信息进行对话练习，主要练习四个句型：I am going to...I am going by ... I am going to stay in...I am going to...来巩固本单元的知识点。

（二）教学目标分析

教学目标	知识与技能	I am going to somewhere I am going by ... I am going to stay ... I am going to do something
	过程与方法	Read，write，discuss and talk in pairs
	情感态度与价值观	（1）To study English with interest （2）To foster the Ps' abilities of co-operation （3）To foster the Ps to master the keys

（三）教学对象及特点

（1）对象：小学五年级学生

（2）特点：五年级的学生属于高年级，已初步形成一定的学习态度，并且随着主体意识的觉醒，自我意识、自我主张、自我控制能力进一步加强。学生对很多事情都有自己的打算和想法，应该掌握自己安排时间和活动的能力。教师应该给学生足够的练习和展示自己的机会。在信息素养中，大部分学生愿意主动使用信息技术，且有较强的接受能力，所掌握的信息技能能够让学生自主完成课堂所需的大部分内容练习。

（四）教学环境与信息技术选择

教学环境：智慧教室环境下开展教学，师生人手一台交互平板电脑，网络支持实时互动、统计数据等功能。

（五）教学过程设计

课题		Unit 2 Vacation Plans		
教学目标		Be able to master the new words and new sentence structure of this unit		
教学重难点		Key Points: Students can use the words and sentences in their reading and writing Difficult Points: Students can use the words and sentences of this unit correctly		
教学模式		Generate precise（生成—精准式）		
具体内容				
课前	课前学习资源	www.17zuoye.com（另附）		www.17zuoye.com（一起作业网）
	课前学习反馈	Feedback Form.（Attached separately） Most of the student can understand the reading		
	精准教学内容	Students can understand the reading and read it smoothly Listening reading and writing		
课中	教学环节	教师活动	学生活动	技术支持
	1 新课导入	Chant	Sing the song together	Tablet PC（平板）
	2 展示与分享	Ask and answer base on the given information	Answer the questions	
	3 合作交流	Have a conversation of this topic in group	Group work	Tablet PC
	4 随堂检测	Complete the listening and reading task	Answer the questions	Table interaction
	5 精准提升	Survey and writing	Ask and answer in group and write a short passage	

续 表

	教学环节	教师活动	学生活动	技术支持
课中	6 课堂总结	Summary	Read the reading together	
课后	1.精准作业	1.www.17zuoye.com 2.Copy the words		www.17 zuoye.com 一起作业网
	2.作业反馈与评价			

（六）板书设计

Unit 2 Vacation Plans

I'm going to ...

I'm going by...

I'm going to stay...

I'm going to...

三、教学设计评价

本课为复习课，需要检测学生的单词、句型掌握情况，并进行延伸阅读、听力以及写作练习。在课程评价中，选择了教师评价、学生互评等方式。使用平板进行习题练习，学生提交后系统自动批改，使评价更加直观有效。

四、教学反思

本课的内容是粤人版英语五年级下册第二单元，本单元的核心教学内容是询问和回答假期计划，内容主要是用地点、交通方式等单词结合句型进行问答活动。

在教学设计上，我使用了歌曲导入，通过歌曲来激发学生的学习兴趣，让学生融入英语学习的氛围。

在教学过程中，根据教材图文并茂的特点，充分运用情境教学和图片，简笔画等教具启发学生，使学生带着明确的任务目标，并借助图片、动作、表情等方式代入情境，让他们积极主动参与学习，获取知识，培养英语学习的兴趣。

结合学生年龄特点，教学过程融入游戏，抓住学生争强好胜的心理，通过师生互动，生生互动的游戏环节将教学内容层层铺开，为学生提供充分的活动和交流机会，让学生在游戏的过程中掌握知识，提高他们的语言运用能力。

需要改进的部分：

五年级的学生较为活跃，在课堂游戏环节很容易过分投入，在游戏环节结束后，学习状态不能马上进入下一环节，偶尔出现没有跟上教师教学节奏的情况，需要教师在设计教学环节和游戏环节的过程中把握分寸，遵循适度原则。另外，学生在对话过程中，多数依靠例句，很难有自我创新和融合，在学生进行合作学习的过程中，教师可以给予示范和指导，让学生充分理解本环节的任务及其内容，提高学生的交流效率，帮助学生体验到成功的喜悦和学习英语的乐趣，希望学生在英语课堂中能做到眼到、口到、心到和手到。

《Unit7 Time》A7能力点认证

一、基本信息

教学主题	Unit7 Time	所属学科	英语
教学对象	三年级	任课教师	范育莲
应用模式	√多技术融合　　智慧教育		
所属维度	学情分析　　教学设计　　√学法指导　　学业评价　　融合创新		

二、教学设计

本作品的教学重点是让学生掌握时间的问答，有感情地去表演本课故事，并能运用于生活。课前利用微课等一系列资源让学生进行自主学习，课堂展示学生学习情况，首先设计一个游戏巩固旧知，然后利用视频引出本节课重点内容，让学生在课堂上和老师一起探究学习，并进行成果汇报，学生互评、教师评价。之后进行时间观念的情感教育。本节课的亮点，一是利用信息化辅助教学，课前学生可以利用微课，畅言晓学进行自主学习，课堂学生可以利用平板进行答题和成果展示，提高课堂效率。二是本节课的练习内容紧贴本课内容主题，练习形式多样并且有趣。教学效果明显。学生不仅掌握了句型的问答，还乐于进行对话。

（一）教学主题

本节课为三年级下册Unit7 Time第二课时Story的教学。主要句型是What time is it? 以及Is it ... o'clock。教师除了教授单词和句型以外，更重要的是启发学生去思考，为什么Gogo两次询问Is it eleven o'clock? 而得到的答案，却不相同的。原因是Gogo刚买的手表坏了。

（二）教学目标分析

（1）语言知识目标：学生能够熟练地掌握询问和回答时间。

（2）语言技能目标：学生能够运用所学句型和词汇有条理地描述现在的时间，进行交际。

（3）情感态度目标：通过一系列的教学活动，学生能够学会珍惜时间，合理规划安排好时间。

（4）学习策略目标：培养学生合作学习，自主学习的能力。

（5）文化意识目标：通过学习外语，在创设情境中提升学生交互语言能力。

（三）教学对象及特点

（1）对象：三年级学生

（2）特点：本节课的学生来自三年级，由于刚学英语，知识储备有限。但他们对新事物感兴趣。具有一定的观察力、想象力和创造力。他们喜欢表演，想要表现自己。特别是现在是信息化时代，培养学生良好的信息素养，把信息技术作为支持终身学习和合作学习的手段，为适应信息社会的学习、工作和生活打下必要的基础。他们对网络、计算机、移动设备、视频播放都具有很强的好奇心和探索欲望。

（四）教学环境与信息技术选择

（1）教学环境：智慧教室

（2）信息技术：教师通过平板—互动，发布完成绘本的小组任务，小组内分工合作，排序并完成挖空练习，并且拍照上传。学生选择优秀的作品点赞，对存在问题的作品指出错误，老师点评、推荐。帮助学生巩固Is it...o'clock？的句型，也有助于学生背诵故事。

（3）技术使用的目的：利用强大的信息技术作为支撑，每个同学可以快速地看到其他组的作品，形成对比，可以在线点赞、评论、推荐。另一组可以快速收集其他组的建议。既帮助学生巩固了Is it...o'clock？的句型，又培养了学生的自学和合作学习能力。

（五）教学过程设计

Unit7 Time（The 2nd）				
	课前学习资源	www.17zuoye.com		一起作业网（课前自主学习，形成数据分析报告，教师根据学习情况精准施教）
	课前学习反馈	学生对单词：time，shop，eleven o'clock,twelve o'clock;句型：Is it ...o'clock？的学习存在困难		
前	精准教学内容	1.学生能够掌握 a.词汇：one o'clock，two o'clock，three o'clock，four o'clock，five o'clock，six o'clock，seven o'clock，eight o'clock，nine o'clock，ten o'clock，eleven o'clock，twelve o'clock. b.句型What time is it? It's ... o'clock. Is it ... o'clock ? Yes，it is./No，it isn't 2.学生能够理解story,并且有感情地去表演 3.学生能够把本节课所学句型运用于生活中		
中		教学环节	学生活动	技术支持	设计意图
	新课导入	1.Greeting. 2.Listen and guess以听声音猜物品的方式引出钟表，从而引出本节课题,紧接上节课进行深入学习	Answer the question.	Tablet PC	师生相互问好，教师创设情境引出课题

		教学环节	学生活动	技术支持	设计意图
中	展示与分享	1.教师通过平台展示学生的学习情况，请学生对所学成果进行展示，并有针对性地进行纠正 2. Look and say.学生看到单词大声读出来，看到数字时间则不读。巩固复习上节课所学单词 3.教师通过想买一块手表，引出shop,进而引出story 4.学生观看视频，回答Gogo手表上出现的三个时间 5.Guessing Game（每组一个代表上来猜测老师手里的卡片时间，巩固Is it ... o' clock？句型的问与答） 6.Listen and Judge（学生听录音两遍判断正误，平板提交）	Read the words in their group Practise the drill	Tablet PC	学生在课前已经通过微课，平板电脑，学习了短语和句型。课堂上主要检测预习情况，通过"对短语的认读"游戏检查学生是否掌握短语同时锻炼学生的专注力
	随堂检测	Finish the picture book and number（小组合作完成绘本，排序并且填空，组长利用学生完成平板的练习。平板拍照上传）	Read the words	Tablet PC	结合智慧课堂的互动系统，通过教师一键发布习题，学生作答，实时统计数据的方式，然后教师根据学生推荐选取部分学生的作文进行评析

续 表

	教学环节		学生活动	技术支持	设计意图
中	合作交流	1.学生小组合作完成A或者B A：Role-play B：Make up a story（根据自己的生活情境进行改编） 2.学生点评，教师点评	Pupils writing	Tablet interaction（平板互动）	从动画情境到实际生活，锻炼了学生的综合运用语言的能力，利用任务驱动，让学生在"演中学"，激发学生的学习兴趣
	精准提升	Time is life. Cherish your time. Plan your time	1.Watch the video 2.Read the sentences	Table interaction（平板互动）	通过微课进行情感教育，观看十天之内建立起来的火神山医院，让学生明白时间就是生命，珍惜时间，计划时间
	课堂总结	What time is it? Is it ...O'clock?	Answer the questions.		对本节课知识进行回顾，并进行课堂表现评价
后	精准作业	1.www.17zuoye.com 2.Make your time table		技术支持	www.17zuoye.com一起作业网
	作业反馈与评价	1.同学们很认真地去完成作业，他们对这类作业很感兴趣，作业完成得很不错 2.个别同学对单词和句型的学习存在困难，需要教师个别辅导			

（六）教学评价设计

1. 课前

本节课是智慧课堂教学模式，先学后教。教师给学生布置前置性学习任务，学生通过畅言晓学APP的听说专练进行自主学习，形成对学生的课前学习分析，教师可以清楚地看到班级以及每个学生存在的知识薄弱点。从班级整体的课前学习来看，学生对shop、time、Is it... o'clock？的学习存在困难，需要教师给予援助，在课堂上一一突破。通过畅言晓学APP的详细以及个性化数据，我们可以实现先学后教，以学定教，进行精准施教。

2. 课中

（1）利用平板的课中检测，对学生所学内容当堂检测，形成答题数据分析报告，对学生完成不理想的题进行针对性讲解。

（2）利用平板的拍照功能，将学生的作品进行分享，点赞，学生互评，教师点评。

（3）课中对每个回答问题正确的同学进行加分，对小组表演的同学进行等级加分。

3. 课后

（1）我的评价分为小组PK和学生自评。小组PK，将加分与时钟的转动，紧密联系在一起，既调动了学生的学习积极性，又为句型的巩固与总结提供了素材。学生自评，自评优秀者可以获得老师的印章。

（2）利用一起作业APP布置个性化作业，检测学生对本课知识点的掌握情况，为课外个别辅导做铺垫。

三、教学反思

创设各种情境，鼓励学生，大胆地使用英语，对他们在学习过程中的英语错误采取宽容的态度。通过做动作的方式，让学生直观地理解并掌握单词。教学中，关注学生的情感。

把英语教学与情态有机会结合起来，创设各种合作学习活动，促进学生互相学习，互相帮助，体验成就感，发展合作精神。关注学习有困难的或性格内向的学生，尽可能地为他们创造语言的机会。充分利用信息技术等手段辅助教学，紧紧抓住学生的注意力、探索欲。

A8学生信息素养培养

《劳动教育课程之低年级篇——我的校园，我清扫》
A8能力点认证

一、基本信息

活动主题	劳动教育课程之低年级篇——我的校园，我清扫			所属学科	道德与法治
活动对象	一、二年级			任课教师	郭海艳
所属环境	√多技术融合	智慧教育			
能力维度	学情分析	教学设计	√学法指导	学业评价	融合创新

二、活动设计方案

（一）活动目标

（1）教学生正确使用清扫工具，提高清扫效率。

（2）教学生学会合理的分工合作，提高清扫效率。

（3）树立正确的劳动观念，培养学生的劳动兴趣，学科融合，会唱童谣"清扫歌"。

（二）活动内容

（1）说明：培养学生信息素养的活动内容，活动可以从以下几方面信息素养培养设计活动内容：在学习和生活中合理合法地使用数字工具和资源；通过畅言晓学APP发布相关视频，让学生知道劳动的意义、价值；培养学生的劳动兴趣，树立正确的劳动观念。

（2）在数字资源使用过程中保护知识产权，识别和抵制不良信息；授课前教师通过学校畅言晓学发布"我的校园，我清扫"的微课视频，让学生进行提前学习，然后班主任开展课堂教育，课后通过畅言晓学布置任务，为学生策划了丰富的系列线上活动，最后学生自我操作实践，把自己的活动情况或作品通过畅言晓学APP进行展示，教师和学生进行评价。在授课教师的引导下，学生都能保护知识产权，识别和抵制不良信息。

（三）活动形式

活动形式：线上线下相结合。

（四）活动环境

习近平总书记深刻指出"人世间的一切成就、一切幸福都源于劳动和创造"。"劳动是一切成功的必经之路。"劳动教育是学生成长的必要途径，是学生德智体美劳全面发展的主要内容之一。为了创设一个洁净、美丽的学习环境，让孩子从小养成良好的卫生习惯，海澄小学积极响应国家提出的劳动教育实践活动，何主任积极组织全校师生开展本次活动，设下"我的校园，我清扫"的活动。

（五）活动过程

第一课时《劳动教育意义篇》

第二课时《劳动教育工具篇》

第三课时《劳动教育实践篇》

第四课时《劳动童谣篇》

第五课时《劳动教育展示篇》

（1）通过劳动的意义，劳动的工具让孩子体会劳动的重要性以及培养劳动的兴趣。只有少部分孩子还是不够热爱劳动。

（2）通过劳动实践课，每天指导孩子清扫，孩子不仅能正确掌握握扫把的姿势，而且提高了扫地的效率。

（3）在整理活动过程中，我们策划了好多激发孩子积极性的活动，如：评选劳动积极分子、劳动进步奖；学科融合，原创童谣《清扫歌》让孩子感受清扫校园的乐趣，事半功倍；让家长参与，一年级家长写"家长寄语"，通过写寄语让孩子更深刻体会积极参与家务劳动的重要性；家长评价，二年级家长写后进生成长记录；孩子写周记，通过周记的形式让孩子深刻体会清扫的有趣，培养孩子从小爱劳动的习惯。

课后布置作业，孩子通过线上自学，发视频上传到金湾智校展示才艺，教师根据学生的完成情况进行分享、点评。

（六）活动总结

1. 活动亮点

（1）原创童谣《清扫歌》。

（2）一年级家长写家长寄语，二年级家长做后进生成长记录和孩子写周记。

（3）通过信息化技术，家长评、教师评、学生自评。

2. 活动反思

（1）部分后进生还是不能正确地握扫把，扫地效率低。

（2）要在实践的过程中，才能发现更好的点子。

在全校孩子掀起清洁校园环境热潮，孩子不怕累，不怕脏，坚持执行每天认真扫地。"我的校园，我清扫"活动开展以后，校容校貌发生了大变化，校园内外都保持整洁美丽，干干净净，校容校貌焕然一新，为师生们营造了一个优美整洁的学习教学环境。

在此次活动中，孩子们都各尽其责，使这次活动总的来说还是比较成功的，我们达到了活动的预期效果。希望"我的校园，我清扫"劳动教育能融入孩子的日常生活。能引导学生树立辛勤劳动，诚实劳动，创造劳动的理念。

从现在做起，从自身做起，从点滴做起。

三、学生感受

学生感受1：

通过此次的"我的校园，我清扫"活动，让我更加热爱劳动、积极参与劳动，享受劳动带给我的成就感。使我深刻感受到"劳动最光荣"这句话的意义。现在我不仅掌握好如何更好地打扫我们美丽的校园，还在家里经常帮助爸爸妈妈打扫卫生、洗碗，整理自己的房间等家庭劳动。学会了自己的事情自己做，不断地提升我的劳动技能。老师和爸爸妈妈都夸我是个辛勤劳动的好孩子。

学生感受2：

在没有参加学校举行的"我的校园，我清扫"活动之前，我不喜欢劳动，在家基本没扫过地，平时在学校值日我也是应付了事，只是为了完成学校的值日任务。但是这次活动，老师手把手教我们如何正确使用扫把清扫校园以及教我们学唱童谣《清扫歌》，在老师的耐心教导和同学的帮助下，我发现我渐渐地喜欢上了劳动并能感受到劳动带给我的乐趣。通过自己的双手以及同学们的共同努力我们把校园打扫得干净整洁，看着都觉得很高兴。我为我能给我们的校园环境做出一点点的努力而感到骄傲自豪。

《网络学习空间下的垃圾分类系列主题活动》A8能力点认证

一、基本信息

活动主题	网络学习空间下的垃圾分类系列主题活动		所属学科	综合实践
活动对象	全体学生		任课教师	潘燕芬
所属环境	√多技术融合	智慧教育		
能力维度	学情分析	教学设计	√学法指导	学业评价　融合创新

二、活动设计方案

（一）活动目标

（1）培养学生在学习和生活中合理合法地使用数字工具和资源；

（2）在学习过程中，懂得保护知识产权，学会识别和抵制不良信息；

（3）养成良好的网络社交行为礼仪、判断网络环境的安全性。

（二）活动内容

（1）培养学生在学习和生活中合理合法地使用数字工具和资源："微校100"基于微信生态打造的轻量级智慧校园产品与服务，涵盖校园宣传、沟通、管理、教学及硬件方案。腾讯课堂是腾讯推出的专业在线教育平台，打造老师在线上课教学、学生及时互动学习的课堂。畅言晓学是我校前期已有的科大讯飞开发的APP。这3款工具能辅助学生有效、合理、合法地学习。

（2）在学习过程中，懂得保护知识产权，识别和抵制不良信息：授课前，政教处通过学校微官网发布垃圾分类的微课视频，让学生进行预习，然后班主任通过腾讯课堂开展线上教育，为学生提供了丰富的线上学习活动，最后学生开展实践活动，把活动情况或作品通过畅言晓学进行展示分享，教师对学生进行评价，学生之间进行互评，在授课教师的引导下，学生懂得了保护知识产权，学会识别和抵制不良信息。

（3）养成良好的网络社交行为礼仪、判断网络环境的安全性：在平常的教学里，已有关于网络社交行为礼仪的教育，在网络空间下，教师尤其要提醒学生在学习期间，不能发表与学习无关的内容，文明用语，尊重他人。腾讯课堂是在授课前教师发参会码进入，能确保网络环境的安全性。

（三）活动形式

腾讯课堂进行网络学习空间下的垃圾分类系列主题活动。

（四）活动环境

一场突如其来的疫情，使得孩子们无法正常回到校园正常上课，面对如此特殊的情况，我们学校要积极承担起教育之大任，除了要主动引导学生和家长正确、科学地认识疫情，还要利用一切线上资源对学生进行五育教育。垃圾分类是社会势必推行的工作，学生宅家期间，我们学校与三灶城资委联合举办了一系列的垃圾分类线上主题活动。

（五）活动过程

授课前，政教处通过学校微官网发布垃圾分类的微课视频，让学生进行预习，然后班主任通过腾讯课堂开展线上教育，为学生提供了丰富的线上学习活动，最后学生开展实践活动，把活动情况或作品通过畅言晓学进行展示分享，教师对学生进行评价，学生之间进行互评。

第一期《病毒与垃圾分类》，课程介绍了生活垃圾如何分类、投放，疫情期间特殊垃圾该如何处理。第二期通识课，介绍了宅家战疫如何高效将垃圾分类收集。第三期互动课程，介绍了日常工作中产生的垃圾该如何分类。

每期的线上学习结束后，我们鼓励学生和家长一起进行垃圾分类的实践活动，以文字、视频、照片等形式在畅言晓学里分享。一段段的视频、一张张的相片反映了线上课堂一样具有高效性。活动的开展使"垃圾分类，回收利用废旧物品，节约资源，保护环境"的意识已然扎根于每个学生的心中，并成为自觉行动。同时在家长中也获得了高度的评价：停课不停学，教育教学齐并进。

（六）活动总结

在本次的系列活动中，学生的信息素养培养目标如期达成，这与平常学校长期开展信息化教学是有很大关系的，学生在老师的指导下，能正确应用官网、腾讯课堂、畅言晓学辅助学习，在数字资源使用过程中能保护知识产权，懂得了保护知识产权，学会了识别和抵制不良信息。养成了良好的网络社交行为礼仪，不发表与学习无关的内容。

三、学生感受

我通过学校微官网发布垃圾分类的微课视频，进行了提前学习，有助于我对活动要求的了解。课堂上，班主任通过腾讯课堂开展线上教育，开展了丰富的系列线上活动，我觉得很有意思，都是我想做的活动。最后，我把我的活动过程拍成小视频，还有我的作品通过畅言晓学进行展示，老师和同学都给我点赞，我很开心，我一定要做一个践行垃圾分类的小天使。

A9技术支持的发现与解决问题

《要是你在野外迷了路》A9能力点认证

一、基本信息

教学主题	要是你在野外迷了路	所属学科	语文
教学对象	二年级	任课教师	黎巧霞
应用模式	√多技术融合　　智慧教育		
所属维度	学情分析　　教学设计　　√学法指导　　学业评价　　融合创新		

二、实践活动案例

（一）问题情境

布置课前预习单，再使用畅言晓学发布同步练习检查预习效果。数据显示6道练习题里有3道题错误率较高。所以要引导学生利用技术支持来解决这3个问题。

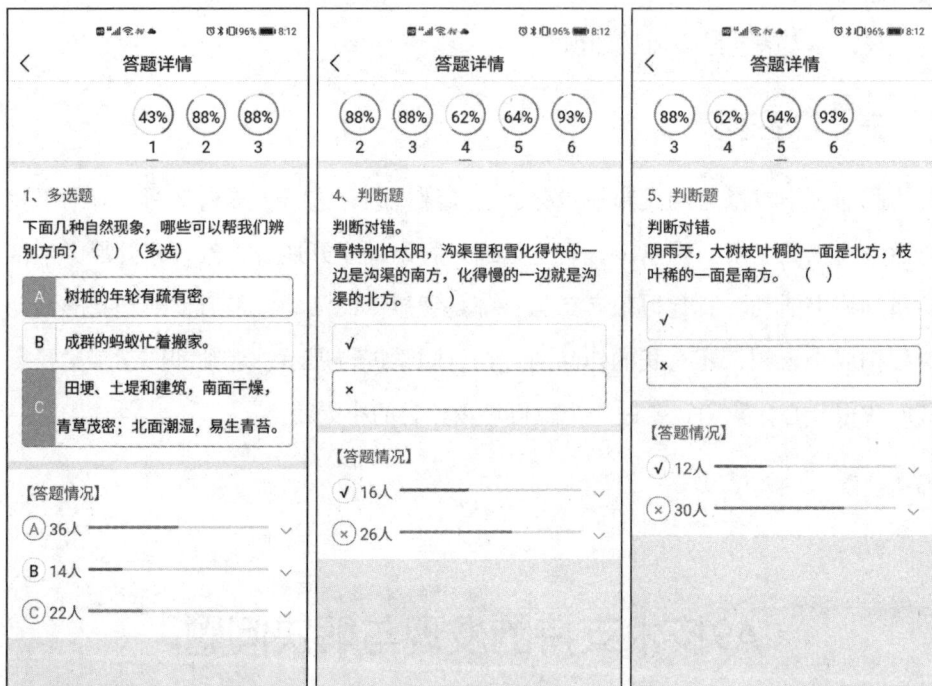

图1-3-1　畅言晓学3道题

（二）解决问题过程

学生观看老师推送的微课，理解利用相关事物辨别方向的道理。

（三）学习成果

通过微课的学习和老师的讲解，孩子们在理解的基础上再做相关的练习，效果明显好了很多，孩子们都能回答正确。

姓名	首次答	订正次数	订正后
方思锐	89%	1	100%
马雨秋	89%	1	100%
秦艺桐	89%	1	100%
谭志康	89%	1	100%
王鑫宇	89%	1	100%
温玉柱	89%	1	100%
严紫涵	89%	1	100%
杨崇铭	89%	1	100%
叶子汉	89%	1	100%
袁嘉婧	89%	1	100%
张芷莹	89%	1	100%
卓嘉瑜	89%	1	100%
蔡金轩	78%	1	100%
蔡芷蓝	78%	1	100%
方焯妍	78%	1	100%
简铭轩	78%	1	100%

图1-3-2　订正

（四）教师的支持

（1）布置课前学习任务单，明确课前学习要求和目标。

（2）再在畅言晓学发布有针对性的同步练习。

（3）根据练习所反映出来的问题，有针对性地推送相关微课资源。

（4）学生学习后再发布相关练习进行检测，检查学习成果。

（五）信息技术的作用

帮助老师和学生发现问题。

帮助老师和学生有针对性地解决问题。

三、学生反思

1. 发现与解决问题的过程和成果

学生一：原来我第4题理解错了，我以为我做对了。后来看了微课后，我才明白为什么沟渠里的积雪化得快的一方是北面了。

学生二：原来我第5题记反了。看了微课的讲解后，我就明白为什么南方的枝叶比较稠了。

2. 技术在此过程中的作用

学生一：帮助我发现问题，本来我都不知道我的理解是错的。

学生二：帮助我解决问题，看了微课的讲解后，我就明白为什么南方的枝叶比较稠了。

四、教师反思

利用技术支持发现与解决问题，效果非常好。因为技术提供的数据让老师的教学非常有针对性，课堂效率得到了很大的提高。后续可以慢慢放手让学生自己发现问题并解决问题。

《古对今练习》A9能力点认证

一、基本信息

教学主题	古对今练习	所属学科	语文
教学对象	一年级	任课教师	黄爱玲
应用模式	√多技术融合　　智慧教育		
所属维度	学情分析　　教学设计　　√学法指导　　学业评价　　融合创新		

二、案例实践活动

（一）探究问题

布置课后作业，使用畅言晓学发布黄冈作业检查掌握效果。数据显示正确率是90%，有4位同学的生字写错，把"今"写成了"令"，和风细雨的"细"也有同学错。畅言晓学可以准确地让老师了解班级每一位孩子对每个知识点的掌握情况。所以要引导学生利用畅言技术来订正错题。

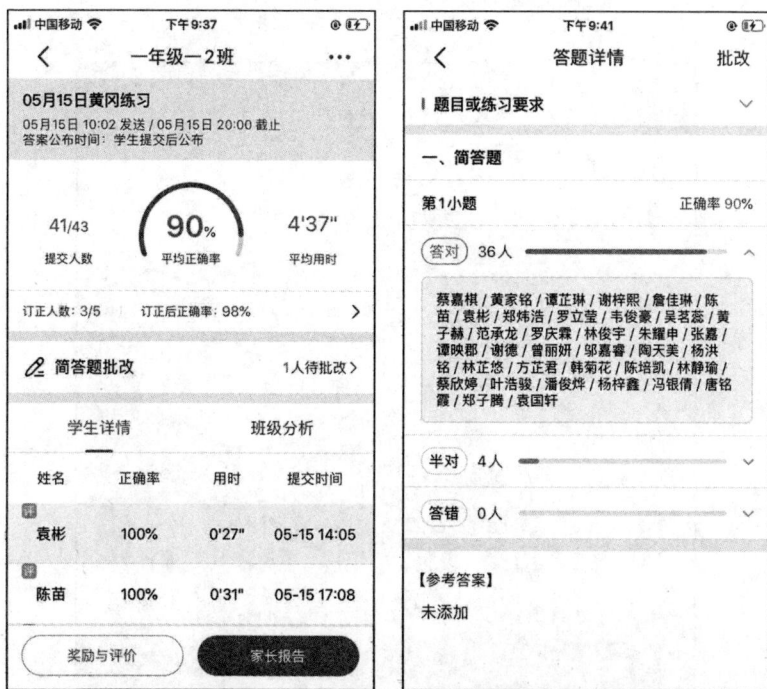

图1-3-3 黄冈作业检查掌握效果

（二）探究解决问题

老师制作小微课并且利用畅言晓学推送微课，学生看微课订正正确率较低的题目。

学生们通过我发的微课，微课内容为古对今的朗读视频以及生字的讲解。通过对个别生字的解读，孩子的正确率稍微高了一点。

（三）反馈学习成果

通过畅言晓学微课的学习，老师的微课讲解，学生们在理解的基础上再次完成相关的练习，答题效果明显提高，学生们均能正确回答问题。

通过孩子错题，教师制作小微课的讲解，孩子读错误的字词正确了，但是对于按课文内容填空，部分孩子可以翻书找到字订正，微课上没有讲述这个问题。通过练习内容的讲解，微课视频是不可替代的，那么为了保证每个孩子都有观看，通过畅言晓学APP来监督，具有永久性，这些工具带来很好的学习效果的，对我也是一种能力的提升。

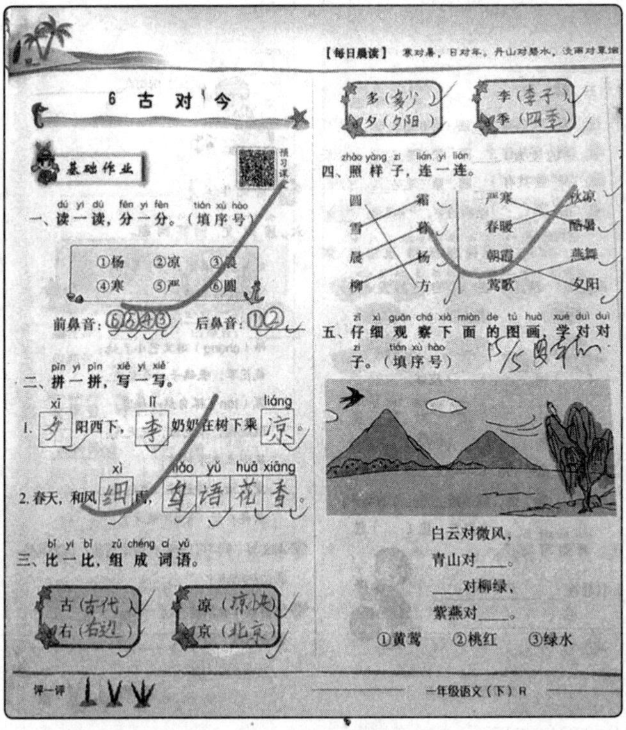

图1-3-4 罗立莹答题情况

（四）教师技术的支持

（1）布置课后学习任务单，帮助学生明确课后学习要求和知识的巩固。

（2）提供课前练习资源，我通过畅言晓学APP发布有针对性的同步练习作业。

（3）根据学生做的练习所反映出来的错误，我有针对性地推送相关微课讲解，解决学生课前学习的一些问题。

（4）使用畅言晓学APP技术工具再次检查学生学习成果，继续发布相关练习进行检测巩固。

（五）使用信息技术的功能

（1）信息技术学习工具（畅言晓学APP）能更好地帮助教师、帮助学生及时发现问题和解决问题，为教师调整这节课的重点难点、课程内容、教学方法提供有效的依据，便于学生开展针对性学习。

（2）畅言晓学中制作的微课讲解和微课发送，为学生提供了丰富的学习资源，有助于提高课后教学效率，节省孩子学习时间，并且可以启发学生的学习兴趣，也能够帮助教师和学生有针对性地解决课前遗留，有困难的问题。

三、学生课后反思

1. 学生发现问题、解决问题

学生一：原来我第2题，和风（细）雨，细字写错了。

学生二：原来我第4题连线连错了，看了老师制作的小微课，我就明白朝霞连夕阳。

2. 微课技术发挥的作用

学生一：让我发现问题在哪里，本来我都不知道我会写错别字。

学生二：能帮我订正错误，看了微课后，我就明白错在哪里。

通过朗读小微课，孩子不仅可以跟着老师朗读，而且加深对课文内容的印象，另外，较难的生字，老师示范写录成视频，帮助孩子纠正错误。

四、教师课后反思

我很好地利用了自己制作的小微课，并且通过畅言晓学发送微课，通过畅言晓学布置练习，很好地让我发现学生的问题并且解决学生的问题。畅言晓学的课后作业提供了有效的数据，让我的教学有一定的针对性，调整了我的教学方法，课堂效率得到了很大的提高。我会继续慢慢地尝试放手让学生自己发现问题并解决问题，并且我自己要更加熟练地使用信息化技术，提高自己的信息化水平。

A10学习小组组织与管理

《Unit3 On Vacation》A10能力点认证

一、基本信息

教学主题	Unit3 On Vacation	所属学科	小学英语
教学对象	五年级（1）班	任课教师	冯燕婷
应用模式	√多技术融合　　智慧教育		
所属维度	学情分析　　教学设计　　√学法指导　　学业评价　　融合创新		

二、实施计划

（一）学生基本情况

本课程教学对象为五年级1班学生，该班共有学生43人，其中男生21人，女生22人。学生学习英语已经有两年多的时间，基本掌握英语学习的听说技能，读写技能相对较为薄弱。作为高年级学生，在学习风格方面，他们不像中低年级学生一样活泼外向，表达较为内敛。需要借助生动形象的视频等多媒体技术激发其进行口语表达的积极性，而在读写方面，学生普遍存在畏难情绪，需要通过思维导图等方式，以小组合作的形式帮助他们突破难点，更好地达到读写训练的目标。

（二）学习活动目标与任务

1. 小组学习活动目标

本课的教学目标为：能正确朗读并运用八个短语（have a picnic, help dad, play with friends, visit relatives, make models, take photos, surf the Internet, read books）和一个句型（What are you going to do during the vacation?

I'm going to ...）；能运用所学单词和句型进行简单的假期计划的表达；培养同学们热爱家乡、热爱祖国的情感。根据以上知识、技能以及情感目标设置，本课的小组学习活动目标为：小组能正确朗读八个短语和一个句型；小组能运用句型和单词进行假期计划的问答；小组能互相帮助，共同完成写作。

2. 小组学习活动任务

本课的重点为八个短语和一个句型，本课的难点为其中单词relatives，surf the Internet和during的朗读以及整个旅行计划的书面表达。在此基础上，本课中小组学习活动的任务为：朗读单词和句型；小组对话以及写作文。通过小组合作的方式，在单词和句型的朗读方面，由已掌握知识的同学带动尚未掌握知识的同学，以发音正确的同学带动发音不够准确的同学的方式共同学习和进步。而在情境表演、对话操练环节，通过以强带弱的方式，达到共同参与、角色互补的效果；在作文写作方面，通过写作前的小组讨论或组长再次讲解的方式帮助学习后进的学生进行难点突破，顺利完成写作任务。在这个过程中，优秀的学生通过讲解提高讲授能力、中等水平的学生学会以更优的方式解决问题，学习后进的学生能较快跟上大家的步伐，各个层次的学生都有所得。

（三）活动计划

1. 活动时间分配

本课的小组活动具体包括：小组朗读（2分钟）、小组对话（8分钟）、小组写作（10分钟）三个环节。

2. 分组策略

小组合作学习的人员搭配要遵循"组内异质、组间同质"的原则，按照学生的知识基础、学习能力、兴趣爱好、性格特征、性别等差异进行分组，让不同特质，不同层次的学生优化组合，使每个小组都有高、中、低三个层次的学生。由于每个小组成员都是异质的，所以就连带产生了全班各小组间的同质性，这就充分体现了"组内异质、组间同质"原则。组内异质为小组成员间的互相帮助、互相促进提供了可能，而组间同质又为全班各小组创设了公平竞争的宽松环境。

3. 成员角色及职责分工

一般情况下，在每个合作小组内要设组长、记录员、汇报员各一名。组长负责本组学习活动的组织、分工、监督等，让每次合作学习有序开展。记录员负责将小组讨论的要点记录下来便于向全班交流汇报。汇报员负责向全班汇报本组讨论结果。要注意的是，这种角色分工不是长期固定的，除组长外，组内成员可以轮流进行小组角色的互换，增进生生互动的有效性。

（四）实施过程

1. 技术工具的使用

环节一：小组合作通过成员协作、资源共享。通过平板的电子书点读确认或纠正小组朗读发音。环节二：小组交流进行合作。通过平板的屏幕分享，让学生在此情景中表演对话。环节三：小组通过成果展示对短文写作进行互相借鉴、点评和学习，共同进步。利用平板的互动功能，学生把自己的写作拍照上传，学生可以互相查看已提交的同学的写作，互相取长补短，共同进步。

2. 教师对小组合作监控方法

采用传统的巡查的方式对小组合作的朗读及对话两个口语练习活动进行监控，通过巡视，对个别不认真的同学和组织不够好的小组进行个别指导和监督；在写作这一环节，通过发布习题，学生提交习题的情况，从信息技术支持的智慧课堂互动系统中发现小组合作的问题和了解小组合作的情况。在部分同学完成的情况下，教师一边查阅已提交同学的作文，一边批改和提醒同学们注意容易出现错误的地方。

（五）学习成效评价

通过小组合作学习，同学们基本完成了教学目标：能正确朗读并运用八个短语和一个句型，能运用所学单词和句型进行简单的假期计划的表达。同学们热爱家乡、热爱祖国的情感得到加强。同学们以小组方式进行合作与学习，通过组内合作、组间竞赛的方式极大地提高了他们的课堂参与度。

三、技术环境设计

（一）技术支持的分组

首先通过信息技术支持检测学生的预习情况，依据最优成绩结合平时学生能力水平然后产生组长人选，再通过在线讨论数据进行组员与组长的匹配。具体操作：通过一起作业APP发布作业，学生完成作业后，系统自动打分，根据同学们的得分结合平时的英语学习情况确认11个组长（班级43人，4人为一组）。然后，利用平板的讨论功能让学生进行自由组合，最后教师再进行微调，最终确认班级分组。

（二）技术支持的教师监控与评价

在写作这一环节，通过学生网络提交习题的情况，发现小组合作的问题和了解小组合作的情况。在部分同学完成的情况下，教师提前查阅已提交同学的作文，并及时发现突出问题。

四、学生反思

1. 小组合作学习过程与成果

学生一：我们4个人一组进行朗读，可以互相学习和巩固单词正确的发音，遇到不一致的读音，我们一起听电子书进行读音确认或纠正，这样的学习方式很好，不会像一个人朗读那样枯燥乏味，而且人多力量大，感觉学习单词更快了，更有信心了。

学生二：在小组合作进行对话操练的时候，感觉很好玩，可以互相借鉴对方的表演方式，大家在一起练习，感觉没有那么害怕开口，因为不会可以互相纠正和点评，抓紧时间练习好了可以更好地在全班同学面前表演，可以增强我的自信心。

2. 技术在此过程中的作用

学生一：通过小组合作学习，一起朗读单词和句型，然后对大家不确定发音的单词进行电子书的跟读。这样的方式，让我觉得学单词是一件简单的事情，因为电子书可以反复点读，它随时在那里，我们不会就向它求教。

学生二：在小组合作写作文的时候，我们通过一起讨论，开阔了思路，用上了老师的思维导图方式，然后在写完之后互相点评，因为课堂互动系统，我们提交后就可以看到同伴的作文书写，不仅可以学习别人不一样的表达，还可以学习别人认真的书写。

五、教师反思

在小组学习中，同学们提高了课堂参与的积极性，有利于同学们互相学习、共同进步。在实施小组合作的过程中，出现个别同学消极对待、敷衍应付的现象，今后将更加细化小组成员的职责和分工，并进一步建立组内生生评价的机制，以此促进小组合作更高效。

《中华传统节日》A10能力点认证

一、基本信息

教学主题	中华传统节日		所属学科	语文
教学对象	三年级		任课教师	梁彩娣
应用模式	√多技术融合　　智慧教育			
所属维度	学情分析　　　教学设计　　　√学法指导　　　学业评价　　　融合创新			

二、实施计划

（一）学生基本情况

本班大多数学生具有良好的学习能力，能够独立完成收集资料任务。通过收集关于中华传统节日的相关资料，进一步丰富对传统节日的认知。

（二）学习活动目标与任务

1.具体教学目标

能用不同的方式收集介绍我国传统节日的资料，并记录这些节日的相关风俗。

能就自己感兴趣的一个传统节日写一篇习作，写清楚过节的过程。

在小组内展示综合性学习的成果。

能对其他小组的展示活动做出评价，提出改进建议。

2. 活动任务

交流对自己感兴趣的节日进行深入了解。依照时间顺序出示各个传统节日的图片、名称，明确各自所对应的具体时间。进一步丰富对传统文化的认识，围绕一个传统节日完成一篇习作。通过小组讨论的形式，交流收集到的传统节日的相关认识，更为全面地进行认知建构，激发探究兴趣。

（三）活动计划

（1）分组：根据学生性别、学习风格、学习成绩等将全班分为7个小组，每组6人。

（2）分组原则：为保证组内成员构成的合理性，每组选择2名优等生，3名中等生，2名有待提高的学生。

（3）合作依据：充分考虑组内成员学习能力及现有水平，发挥优秀学生辐射引导作用，激发后进生学习热情，追求全组成员共同进步。

（4）具体分工：组长（优等生）、登记员（中等生）、组员学困生。

（5）活动开展：在明确布置任务后，组织学生以小组方式进行分享、讨论、交流。引导学生积极参与，认真完成任务。

（四）实施过程

技术工具的使用：环节一：小组合作通过成员协作、畅言晓学资源共享，根据课件的提示简要汇报最近这段时间收集到的关于传统节日的资料及准备展示的内容；环节二：小组内通过畅言晓学进行展示，引导学生注意发掘精彩内容，推荐班内展示；环节三：通过畅言晓学开展班级"传统节日文化学习成果展"。

（五）学习成效评价

在学生交流学习的过程中，结合交流内容，学生对传统节日有了进一步的学习和认知，学生更加喜爱祖国的传统文化，探究兴趣浓厚。因而，此次学习活动落实了单元目标，且效果良好。

三、技术环境设计

技术支持的分组：首先通过信息技术支持检测学生的资料搜集情况，将交流形式相同或相似的同学划分为一组，然后确定组长人选，再通过在线讨论数据进行组员与组长的匹配。

技术支持的教师监控与评价：通过小组提交学习资料速度和内容，发现小组合作的问题和了解小组合作的情况。

四、学生反思

1. 小组合作学习过程与成果

学生一：通过大家分工合作，收集资料，登记记录、补充讨论，我们能很好地完成任务。

学生二：听了小组的同学以及别的小组的代表的展示和分享，我对传统节日的知识、故事和节日活动有了更多的了解。

2. 技术在此过程中的作用

学生一：在小组合作的时候，我们通过一起讨论，开阔了思路，用上了老师在畅言晓学提供的学习资料，把节日活动时包粽子的过程说清楚了。

学生二：能够清楚地把自己参加活动的过程介绍给大家，还可以利用畅言晓学进行互评，感受到小组合作学习的乐趣。

五、教师反思

本次综合性学习的教学，主要是围绕中华传统节日这一主题组织教学活动，凸显对学生自主探究学习能力的培养，引导学生在交流分享的过程中不断内化认知，因此，开展本课教学时，教师充分做到了收放结合，适度引领，一方面在单元学习开始的时候就在畅言晓学布置综合性学习活动，让学生有充足的时间，又有明确的目的，保证这一次交流学习环节内容充实有序。另外，教师还在学生交流学习的过程中，注意结合学生交流的内容，予以适度的指导点拨，不仅让他们更进一步进行了学习认知等有效补充，同时还在交流互动的过程中，培养他们表达倾听等良好的学习习惯，更重要的是，他们还在此次综合性学习活动中，自然激发了对祖国传统文化的喜爱之情，以及继续探究的浓厚兴趣，学生通过畅言晓学拍照上传自己的作品展示分享，同伴们可以欣赏、点赞和评价。有些写作比较困难的学生可以参考畅言晓学中优秀的习作，学习别人的写作方法。

A11技术支持的展示交流

《太阳》A11能力点认证案例

一、基本信息

教学主题	太阳	所属学科	语文
教学对象	五年级	任课教师	何三兰
应用模式	√多技术融合　　智慧教育		
所属维度	学情分析　　教学设计　　√学法指导　　学业评价　　融合创新		

二、活动设计

《太阳》是一篇科普说明文，介绍了太阳的特点以及太阳与人类的密切关系。太阳与人类、动植物的关系，文中的表述概括性很强，学生不易理解，为了让学生能更了解这个远离我们的恒星，课前布置了学生上网查找了很多关于太阳的图片，引导学生学会运用网络资源，提高质疑解惑的能力，促进学生自主学习。并物尽其用，将这些图片做成了生动的多媒体课件。这时多媒体的运用，使文字具体化、形象化、生活化，使学生切实感受到太阳对地球的重要性。

课中出示讨论两个主题："讨论主题一：太阳与植物生长和动物的生存、繁殖有什么密切关系？讨论主题二：太阳和人类生活吃的、穿的、用的能源，如煤炭有什么密切关系？"各小组任选一个主题展开讨论，组员们可借助课前收集的网上资料，进行查阅、筛选、整理、组织……引导学习典型资源，学会筛选信息，服务课堂学习。利用智慧课堂的平板电脑教学机，让数字教材服务学生课前自主学习。学生小组讨论激烈，最后汇报时，发言积极，以此来突破教学目标理解课文内容，知道太阳的特点以及与人类的密切关系，充分体现了"以学生为主体"的教学理念。学生课前自主学习与教师课堂指导学习相结合，提高课堂学习效率。

课后教师发布在畅言晓学APP班级圈的课后微课、课后作业等，学生相互点评，点赞，让学生学习空间从课堂延伸到课后，促进学生深度学习，促进学习的广度与深度。

（一）活动目标

围绕"太阳与人类有什么密切关系"这一活动主题，在学习时，我们一方面要理解课文内容，了解太阳的有关知识，初步认识人类与太阳的密切关系，激发学生学习自然科学知识的兴趣；另一方面在课中设置一个讨论展示环节，以此来很好地完成这一主题活动。

因此确定本次的活动目标为：在理解课文内容的基础上，知道太阳的特点以及与人类的密切关系。

（二）活动对象分析

（1）学生在四年级的时候已经接触了几篇说明文《鲸》《新型玻璃》《蝙蝠和雷达》，了解如何阅读简单的说明性文章，了解基本的说明方法。

（2）五年级学生有一定的课前搜索网络资料的能力，教师可以进一步引导学生尝试多种途径查找资料，提高解决问题的能力。

（3）班级学生拥有较好的智慧课堂信息化素养，在"合作学习、探究学习"的小组学习后，能够熟练应用平板电脑教学分享学习成果，检测学习效率，在师生互动中深入学习。

（三）活动环境与信息技术选择

（1）活动环境：智慧教室。本节课在畅言智慧教室开展云互动智慧课堂教学，师生人手一台的平板电脑教学机助力课文学习，实现学习资源数字化、信息化，学习手段多样化、智能化。

（2）信息技术：畅言晓学APP。学生课前利用畅言晓学APP布置学生上网查找有关太阳的相关资料，并通过公开作业的方式，让全班同学不仅能看到自己收集到的资料，还可以随时查看其他同学的资料，以此达到资源共享。教师通过APP上学生提交作业的情况，实时了解学生学情，并点评学生的作业，教师以此来进行二次备课。课中学生自主、合作探究"太阳与植物生长和动物的生存、繁殖有什么密切关系？"和"太阳和人类生活吃的、穿的、用的能源，如煤炭有什么密切关系？"这两个问题；借助课前收集到的资料完成小组合作讨论及反馈，教师引导点拨，适时公开优秀作业（课前网上的查找作业），最后教师在畅言晓学班级空间发布教师收集到的有关太阳的资料，学生有甄别地进行阅读，以此巩固课堂上的知识点。课后利用各种信息化资源学习，布置画一张有关太阳的手抄报，深入开展课外语文拓展阅读，提高语文素养。

（四）活动过程

说明：描述展示交流的过程，包括展示内容、交流展示方式以及技术的使用过程等。

教学环节	教师活动	学生活动	技术、资源（含平台与工具）	设计意图
合作探究，突破难点	1.提问：太阳虽然离我们很远很远，但是它和我们的关系非常密切	1.学生回答这句话是过渡句，起到承上启下的作用，同时也是本段的中心句	1.教师适时操作课件，出示答案 太阳虽然离我们很远很远，但是它和我们的关系非常密切。 □ 这句话在文中有什么作用？ 这句话是过渡句，起到承上启下的作用，同时也是本段的中心句。	1.引导学生学会运用网络资源，提高质疑解惑的能力，促进学生自主学习

续表

教学环节	教师活动	学生活动	技术、资源（含平台与工具）	设计意图
合作探究，突破难点	这句话在文中有什么作用？ 2.仔细阅读第4自然段，思考：作者是从哪些方面介绍太阳和人类有着密切关系的？ 3.合作探究 讨论主题一：太阳与植物生长和动物的生存、繁殖有什么密切关系？ 讨论主题二：太阳和人类生活吃的、穿的、用的能源，如煤炭有什么密切关系？ 要求： （1）小组任选一个主题讨论交流； （2）小组汇报 4.教师分享微课：《太阳和我们有什么关系》 5.展示学生课前收集到的资料 6.教师总结	2.学生回答 植物的生长 动物的生存 人的生活 3.小组讨论、分享、合作交流 资料一 资料二 4.学生观看微课：《太阳和我们有什么关系》 5.学生查看畅言晓学里同学们课前收集到的资料	2.教师适时操作课件，出示答案 3.教师打开畅言晓学查看学生小组内分享的资料 4.教师通过平板分享给学生微课 5.教师打开畅言晓学APP上的作业，分享公开学生的作业	2.引导学习典型资源，学会筛选信息，服务课堂学习。利用智慧课堂的平板电脑教学机，让数字教材服务学生课前自主学习 3.学生课前自主学习与教师课堂指导学习相结合，提高课堂学习效率

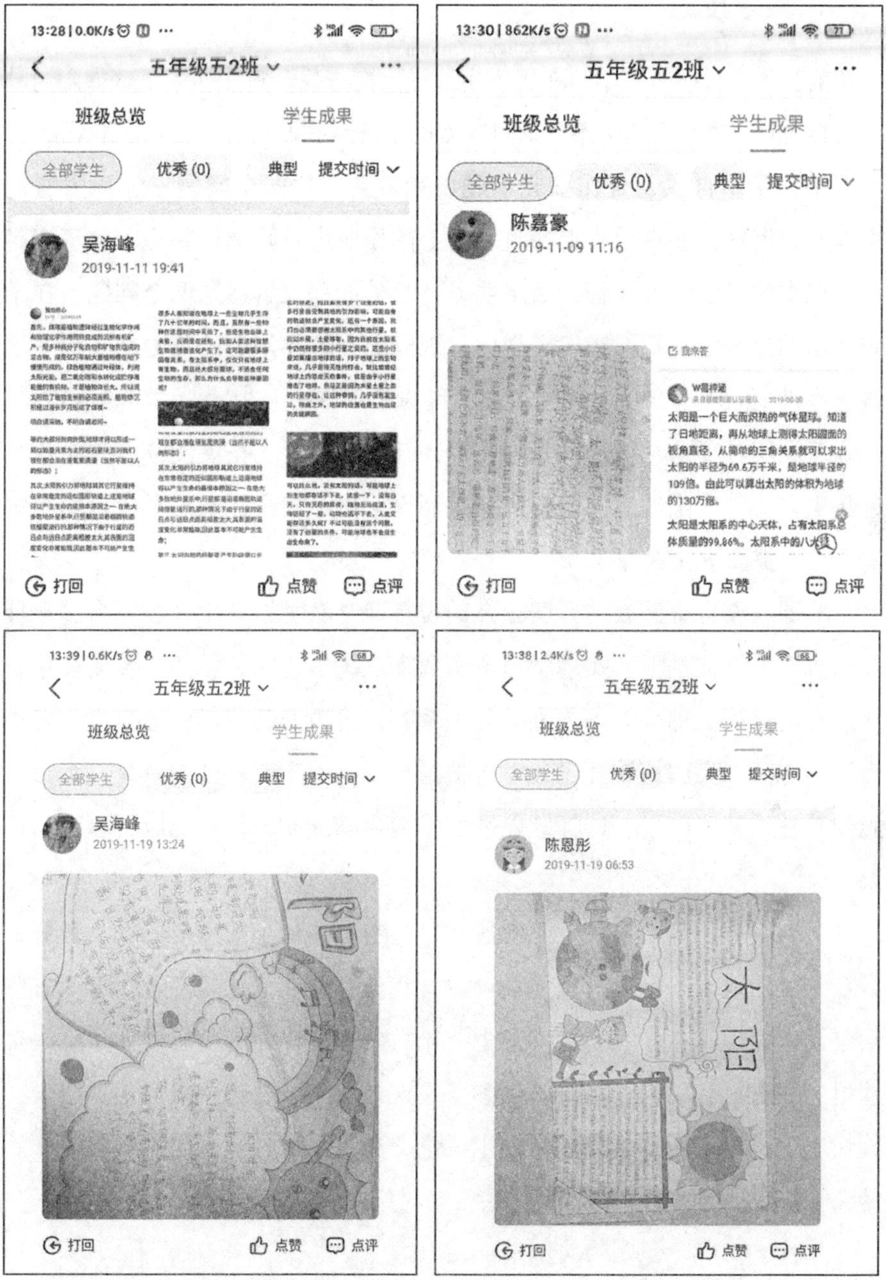
五年级五2班
班级总览
学生成果
全部学生
优秀 (0)
典型
提交时间
吴海峰
2019-11-11 19:41
打回
点赞
点评
五年级五2班
班级总览
学生成果
全部学生
优秀 (0)
典型
提交时间
陈嘉豪
2019-11-09 11:16
打回
点赞
点评
五年级五2班
班级总览
学生成果
全部学生
优秀 (0)
典型
提交时间
吴海峰
2019-11-19 13:24
打回
点赞
点评
五年级五2班
班级总览
学生成果
全部学生
优秀 (0)
典型
提交时间
陈恩彤
2019-11-19 06:53
打回
点赞
点评

图1–3–5　课后作业

三、教学反思

课前教师通过畅言晓学，布置学生通过上网查找资料，初步了解太阳与动植物、人类之间有哪些密切关系。通过查看同学分享的资料，完善自己的观点。

课中，学生自主、合作探究主题一和主题二这两个问题，让学生通过上网查找有关资料，并在课堂上通过平台上的作业进行筛选、整理、分享资料，进而组织交流展示学习过程，效果明显，学生能深入解释这两个问题，在学生学和展示的过程中，不但激发了学生发现问题和解决问题的能力，还培养学生"做热爱科学的人"，从而达到语文学科的素养目标。

课后利用各种信息化资源学习，深入开展课外语文拓展阅读，并布置了课后搜集更多关于太阳的图文资料，分组制作一份手抄报，激发学生探索宇宙奥秘的兴趣，提高语文素养。

本节课在畅言智慧教室开展云互动智慧课堂教学，师生人手一台的平板电脑教学机助力课文学习，实现学习资源数字化、信息化，学习手段多样化、智能化。在讲解第二部分太阳与人类的关系时，我遵循新课标中"自主、合作、探究"的方法，大胆地放开手让学生根据在小组中交流自己的意见，汇报时教师做简单总结就可以了。这样既能锻炼学生自学的能力，又能取得事半功倍的效果。

一节课下来，我发现学生学有所获，基本上达到了我预定的教学目标，但也存在不足的地方。在进行教学设计时，我设置的环节比较多，以至于有些细节问题没有处理好，在时间的安排上前松后紧。在课前老师应该在学生提交的作业里，筛选出有用的资料供学生参考，这样在学生进行小组讨论的时候，学生能快速地找到有用的信息。在学生讨论交流时，教师应多巡视，多关注后进生的课堂表现情况，并检查学生课中参与讨论的情况。

《丰收》A11能力点认证案例

一、基本信息

教学主题	丰收		所属学科	音乐
教学对象	三年级		任课教师	黎芷君
应用模式	√多技术融合　　智慧教育			
所属维度	学情分析　　　教学设计　　√学法指导　　学业评价　　融合创新			

二、活动设计

（一）活动目标

1. 知识与技能

听辨出管弦乐《丰收》（片段）中两个不同主题旋律的重复和对比，并能用自己的语言表达不同音乐主题的情绪特点。

2. 过程与方法

通过画图形谱感受两个乐段的旋律特点，从而分析出两个乐段在情绪、节奏上的不同。

3. 情感态度与价值观

感受人们劳动丰收的喜悦之情，激发热爱家乡、热爱劳动的感情。

本课运用平板互动促进学生进行组内的讨论及成果展示，同学们可以实时地观看到其他小组讨论的成果并进行点赞。我们借助信息技术使得展示交流的效率大大提升。新颖的形式激发学生的辩论热情，同学们在不同小组的成果交流分享中迸发出思维的火花、激发更多的创作灵感。学生的自评和互评能力在课堂中得到发展。

（二）活动对象分析

1. 个性差别大

三年级的小学生是形成自信心的关键期。他们在接受别人的评价中能发现自身的价值，产生兴奋感、自豪感，对自己充满信心；有的还表现出强烈的自我确定、自我主张，对自己评价偏高，甚至有时"目空一切"，容易导致自负的心理。相反，有的孩子由于成绩不良或某个方面的缺失，受到班级同学的歧视，往往对自己评价过低，对自己失去信心。因此，在教学中要时不时应用一些小"特技"来提醒那些"目空一切"的孩子，告诫他们自己还有很多东西要学，而对那些失去信心的孩子要及时抓住机会鼓励他们。

2. 情绪不稳定

三年级学生由于生活经验不足，容易产生紧张的情绪，自我调节能力比较差，难以释放心理的压力，这样就容易使他们的心情变坏。他们喜欢与伙伴共同游戏、学习，但情绪很不稳定，容易激动、冲动，常为一点小事面红耳赤，而且情绪变化极大，并且表露在外，心情的好坏大多数从脸上一望便知。这就要求我们要有敏锐的洞察力，发现问题及时解决，并且在平日教学中增加小组合作，加强团队精神，培养学生集体荣誉感。

3. 自控力不强

从三年级开始，学生进入少年期，此时会出现一种强烈要求独立和摆脱成人控制的欲望，因此他们的性格特征中也会表现出明显的独立性。同时，随着年龄的增长，他们对外部控制的依赖性逐渐减少，但是内部的自控能力又尚未发展起来，还不能有效地调节和控制自己的日常行为。遇到这种问题，我们应该"恩威并用"，表扬自觉的学生，适时使用管理软件对不能自控的学生进行提醒、控制。

4. 信息素养

三年级学生基本掌握了平板操作技术，但对网络上的信息内容判断仍有欠缺需要老师引导如何正确从互联网上获取有用的学习咨询。三年级对融入信息社会态度非常积极且具备学习探索能力。

（三）活动环境与信息技术选择

1. 活动环境

智慧教室。

2. 信息技术

平板互动、交互式白板。

3. 技术使用的目的

正如乌鸦发明喝水的技术一样，任何技术的产生和发展，总是从一定的具体目的出发，针对具体的问题，形成解决的方法，从而满足人们某方面的具体需求。短书的AI课、双师课、录播系统、电子白板等新技术功能真正让每一个学生参与到教学互动中，课堂气氛积极活跃、课堂实时检测评价和及时反馈，达到高质量的教学效果、实现真正的智慧课堂。

（四）活动过程

教学环节	教师活动	学生活动	技术、资源（含平台与工具）	设计意图
环节一：视频导入	老师：通过观看这段视频，同学们你们认为人们在丰收时刻是怎么样的心情呢？ 老师介绍：刚才我们听到的视频里的音乐是一首以管弦乐为主的乐曲。名字叫《丰收》，原是影片《海霞》中的配乐，后由作者王酩本人将影片中的配乐整理改编成管弦乐《海霞组曲》，这部组曲由《童年》《解放》《织网》《丰收》《胜利》五首乐曲构成	观看视频分享心得	平板电脑教学机运用、操作PPT课件	激发学习兴趣，为课堂学习作铺垫准备
环节二：提出问题	1.欣赏第一段音乐 2.提问： （1）第一乐段主题旋律听后能让人联想到哪些情景？ （2）第一乐段主题旋律共出现了几次？	学生观察并抢答	1.图形谱辅助聆听 2.利用平板互动功能——抢答 3.小组PK加分	引导学生从歌曲节奏、速度、表现情绪等音乐要素思考教师提出的问题，促进学生自主学习

81

续 表

教学环节	教师活动	学生活动	技术、资源（含平台与工具）	设计意图
环节三：拓展思维	教师利用图形谱进行歌曲结构教学	1.通过教师引导，学生观看图形谱，快速简洁地掌握歌曲结构 2.学生与大家分享感受到的乐曲画面，并用句式回答	1.利用平板互动功能——抢答 2.小组PK加分	启发构思，拓展学生思维，在教师的启发下学生大胆想象和发言
环节四：探究发现	提问： 1.第二乐段主题旋律听后能让人联想到哪些情景？（在教师引导完成第一乐段的学习后，学生探究发现第二乐段的歌曲画面） 2.对比聆听两段乐段的不同	通过教师引导，学生学习课堂重点	1.教师利用平板发送主观题作业，让学生在上面回答提交 2.小组PK加分	引导学生学习聆听歌曲步骤，学会赏析
环节五：合作探究	第二乐段主题旋律共出现了几次？	小组讨论画的方法。	平板电脑教学机分享学习任务，清晰小组合作学习的任务	体验互助合作的学习方式，体验合作学习的快乐
环节六：拓展总结	利用"希沃白板"上的游戏功能激发学生争优意识，通过游戏中的问题巩固本节课学到的知识	学生上台作答，两两PK	"希沃白板"游戏功能	结合儿童天生爱玩爱挑战的性格特点，通过游戏达到巩固知识点的目标

三、活动反思

本次交流展示活动效果良好，教学借助信息技术使得展示交流的效率大大提升。新颖的形式激发学生的辩论热情，同学们在不同小组的成果交流分享中迸发出思维的火花、激发更多的创作灵感。学生的自评和互评能力在课堂中得到发展。信息化技术更好地服务了本次课堂，大大地提高了教学效率。我认为在以后的课堂中我们可以更多地思考如何借助信息化技术让学生在创作上得到更好的发挥。

A12家校交流与合作

《年俗》A12能力点认证案例

一、基本信息

教学主题	年俗		所属学科	劳动教育
教学对象	三年级（1）班		任课教师	郑存英
应用模式	√多技术融合　　智慧教育			
所属维度	学情分析　　教学设计　　√学法指导　　学业评价　　融合创新			

二、工具介绍

1. 基本功能和特点

（1）微信，可以和家长随时随地的联系，可以打字，语音或通话。很适合家校合作。

（2）2021年1月至2月，寒假期间我们班采用腾讯会议进行"年俗"的学习

（3）教师登录腾讯会议，发邀请网址给家长，家长打开下载好的APP直接点击登录。

（4）网络空间学习会使用金湾智校APP进行作业反馈。

（5）运用腾讯会议进行"年俗"的学习，距离不是问题。远方的全国各地的家长和孩子都聚在同一个时间，没有空间距离感。

2. 应用策略

家长和孩子通过腾讯会议一起认真听老师开展"年俗"教育，并且可以在网络中跟孩子家长一起互动。加深孩子对年俗的了解，收到完美的效果。

3. 活动主题与开展形式

线上腾讯会议主要以教师讲述和传达为主，以学生提问为辅的形式，也包括腾讯课堂技术支持的在线模式、线上线下相结合的家校混合模式、线上互动辅助的线下模式。

4. 学生参与方式

教师登录腾讯会议，发邀请网址给家长，家长打开下载好的APP直接点击登录。

5. 工具及作用

教师先登录腾讯会议，发邀请网址给家长，家长打开下载好的APP直接点击登录。然后教师在腾讯会议开直播，利用课件、视频播放，教师通过禁言全部家长和学生，以免影响网络，学生只能通过聊天，发送信息，跟教师互动。

三、活动效果

学生可以快速进入腾讯会议，进入直播课堂，立即与老师进行互动。学生参与培训、家长参与活动、家长在学生管理成效三个维度，可以在年俗课上做交流，也可以在线下做交流。

四、教师反思

腾讯会议有一点不太好的地方，就是如果家长来不及加入腾讯会议听讲，结束后是不可以回看的。

腾讯会议过程中，如果跟家长线上互动，家长发言，网速就慢和卡。

腾讯会议课件不能放大，一放大就看不见PPT。

《我为年夜饭加道菜》A12能力点认证案例

一、基本信息

教学主题	我为年夜饭加道菜	所属学科		劳动教育	
教学对象	五年级	任课教师		曾健怡	
应用模式	√多技术融合　　智慧教育				
所属维度	学情分析　　　教学设计	√学法指导		学业评价	融合创新

二、工具介绍

1. 基本功能和特点

2021年春节期间，我班利用腾讯课堂软件进行了"我为年夜饭加道菜"的课程授课。学生和教师利用腾讯课堂这一软件，实现了跨空间的课程开展，使课堂不再局限于校园，不再局限于课室，实现了更自由、更开阔的课堂教学。

腾讯课堂这一工具，主要适用于网络教学。在疫情期间，或寒暑假等假期期间，我班都多次利用腾讯课堂进行授课，学生们也能通过举手，发评论等方式参与课堂，实现了课堂的实时互动。同时，腾讯课堂还可设置回放功能，学生可以针对尚未掌握的知识点进行课程回放，进行针对性的查漏补缺。

另外，通过腾讯课堂的直播课，家长也能一同参与到课堂，了解课堂内容，了解孩子的学习情况，拉近家校联系。

2. 应用情境

劳动教育是促进学生全面发展的重要教育环节之一，我们希望能够培养德智体美劳全面发展的优秀学生，同时，也希望能够通过课堂，向学生讲授一些劳动知识与劳动技巧，让学生能够在生活中实践，在生活中学习。

为了更好地开展课程，我们选择了利用春节假期，开展年俗知识与年俗劳动相结合的课程，让孩子们在了解中国春节的传统文化历史和意义的基础上，参与一些春节相关的劳动实践，让学生在劳动中学习，在劳动中感悟。

　　劳动的场所不仅限于校园、课室，更应该延伸至我们日常起居的家庭，我们日常生活的社区等。因此，我们将年俗劳动教育与家校合作联系起来，让孩子在老师，家长的指导下，进行劳动的实践与创造。

海澄小学2020-2021学年第一学期寒假作业清单				
年级	学科	作业内容	提交作业类型	金湾智校上传作业操作指引
一年级至六年级	体育	每天最少锻炼30分钟，例如：每天必练项目：跳绳，1分钟计时跳3—5次；自选项目:跑步、打球、骑车等。运动前要做好热身运动，运动完要做足放松运动。	拍照或视频	提交到"金湾智校家长端—评价与成长—才艺展示—点右上角拍照图标–选择照片或视频上传"
	综合实践 — 垃圾分类	每天把家里的垃圾分类投放，并制作"变废为宝"的小作品（1—2年级）	拍照或视频	拍照或视频提交到"金湾智校家长端—评价与成长—才艺展示—学校活动《海澄小学垃圾分类综合实践活动》—点击上传作品"垃圾分类的各班作品开学时要上交作品，到附要评优
		每天把家里的垃圾分类投放，并设计垃圾分类标语，完成垃圾分类海报（3—4年级）	拍照	
		每天把家里的垃圾分类投放，并制作垃圾分类手抄报（5—6年级）	拍照	
	综合实践 — 劳动教育	贴春联、贴年画（1—2年级）	1.购买春联方案（文档）2.贴春联劳动成果展示（视频或照片）	拍照或视频提交到"金湾智校家长端—评作与成长—社会实践—点右上角我的践—选择'海澄小学春节年俗教育系列活动'—点击上传"
		参与春节大扫除（3—4年级）	1.大扫除人员分工明细表（表格）2.大扫除劳动成果（视频或照片）	
		参与做年夜饭（5—6年级）	1.我为年夜饭加道菜（表格）2.年夜饭劳动成果（视频或照片）	

图1-3-6　作业清单截图

3. 应用策略

在劳动教育过程中，我们设计了以下的环节：

（1）通过腾讯课堂，进行年俗知识文化的介绍，家长和孩子利用腾讯课堂这一工具，共同观看视频，共同学习。

（2）在进一步了解课程内容后，在家长的指导下，孩子独立完成一道年夜饭的菜肴，并与家人分享。在做菜之前，孩子可以和家长一起设计菜单，购买食材，在家长的指导下进行烹饪，最后一同享受成品。

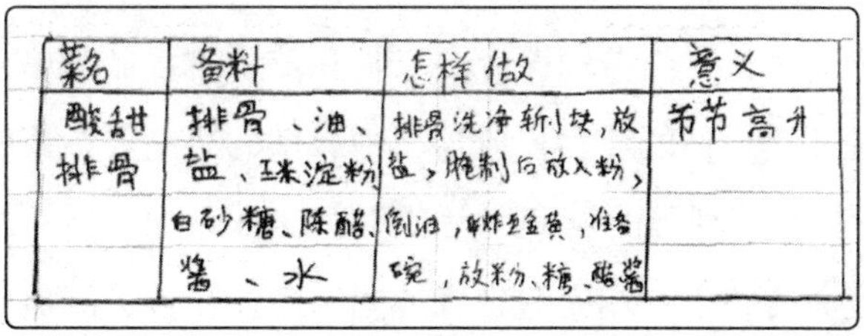

菜名	备料	怎样做	意义
酸甜排骨	排骨、油、盐、玉米淀粉、白砂糖、陈醋、酱、水	排骨洗净斩小块，放盐，腌制后放入粉，倒油，炸至金黄，准备碗，放米粉、糖、醋酱	节节高升

图1–3–7　年夜饭菜单

4. 应用案例

线上腾讯课堂改变了教师讲授为主的形式，家长和学生都能实时参与课程和进行互动，使学生真正成为学习的主体。本课程也包括腾讯课堂技术支持的在线模式、线上线下相结合的家校混合模式、线上互动辅助的线下模式等。

5. 家长参与方式

在本次课程中，家长作为评价主体，参与并评价学生劳动的每一个环节。家长不仅能够通过腾讯课堂参与，也能在孩子的劳动实践中对孩子进行指导与评价，全程参与课堂的各个环节。课程结束后，家长还可以针对课程的不足之处，给老师提供建议和意见，为改进后续课程提供智力支持。

6. 工具及作用

以往的家校合作方式较为单一，主要为教师或学校通过电话或微信群通知家长，家长接收信息后完成，没有实时的反馈环节。但此次通过腾讯课堂，家长可以实时参与课堂并进行互动，与老师、学生进行交流，使家校沟通更加方便高效。腾讯课堂直播课能够及时传递信息，家长能够深入了解学校的教学情况，并在家庭中对学生进行教育指导。家校教育的同一性提高了教育的有效性，使教育效果更加明显。

三、活动效果

传统的家校合作，往往是教师传达，家长知悉或执行，更多的是单向的沟通，而没有真正有效的双向沟通与反馈。

本次网络劳动课程，改变了以往家校合作的单一性。家长可以参与到课堂，可以和学生一起讨论，可以与教师进行反馈，也可以提出改进的措施。使家校合作更加紧密。

从教师角度而言，本次劳动课程向家长和孩子布置任务单，让家长和孩子共同完成。这一环节设计能让家长成为教师教学的协助者，帮助教师一起指导孩子进行劳动，提高了课程的效率和完成度。

从学生角度而言，学校和家庭教育的同一性，让孩子能更加深入地体会到劳动教育不仅仅在学校，劳动实践也可以在家庭、在社区。家长成为了另一种意义的教师，教会孩子更多的生活知识。

网络教学，使教育不再局限在围墙之内，使教学内容不再局限于课本，生活处处是知识，日常面面是课堂。

四、教师反思

本次课程利用了网络教学，学生们都非常喜欢这一新颖的方式。同时，将课程知识与节日相结合，让学生在感受节日氛围的同时加深对节日和传统的了解。

在实践过程中，大部分家长都能积极参与劳动指导，让孩子的劳动实践更高效，对劳动的体会更深刻。学生能从劳动中逐渐形成爱劳动，劳动光荣等观念。

不足之处在于，由于是网络课堂，主要由教师来推进课程，但是在展示与分享环节，只是展出了学生成果的图片，没有让学生通过作文、日记、话题分享等形式分享劳动过程中遇到的趣事或困难，展示环节较为单一。希望在后续的教学展示环节，可以更多地让学生谈过程、谈困难、谈感想，让学生更加深入地体会劳动的不易。

第四章

学业评价

A13评价量规设计与应用

《运用运算定律进行简便计算的整理和复习》A13能力点认证案例

一、基本信息

教学主题	运用运算定律进行简便计算的整理和复习	所属学科		小学数学
教学对象	五年级	任课教师		胡宏娟
应用模式	√多技术融合　智慧教育			
所属维度	学情分析	教学设计	学法指导	√学业评价　融合创新

二、量规设计

（一）量规应用场景

在整个小学数学学习阶段，运用运算定律进行简便计算的知识点学习贯穿四、五、六年级的计算教学。虽然只有5个运算定律，但学生由于数感不好，对题目的变式很难清晰明了的掌握。所以在五年级学习完小数的混合运算以后，用一课时的教学补充了本节课：《运用运算定律进行简便计算的整理和复习》。一方面是让学生整理四年级学习的运算定律，另一方面通过整理和复习，让学生汇总简便计算的各种变式计算。本节课采用了先学后教的生成—精准式教学模式，让学生先自主学习，应用思维导图、图表等方式整理5个运算定律。课堂上，主要让孩子在小组活动中整理运算定律，根据运算定律出可以简算的题，以小组为单位整理一份习题，小组交换完成习题，重点习题讲解。

整节课基本都是以学生小组活动为主，以学生课堂生成的资源作为学习资料。为了保证本节课的教学质量以及小组活动的积极开展，设计了本节课的小组活动评价表。

（二）量规设计依据

本节课的教学目标是：①通过复习，熟练地掌握运算定律，并能根据题目特点灵活运用运算定律进行简便计算。②通过复习，让学生掌握整理知识点的方法，学会应用多种方式进行知识的整理和复习。③通过复习，让学生建立数学的分门归类的思想。

5种运算定律学生在四年级整数简便计算的学习中已经进行了充分学习。五年级学习了小数计算以后，运用运算定律，根据小数的特点，也可以进行以"凑整"为原则进行简便计算。所以运算定律的整理只是复习旧知，而根据小数的特点，设置可以利用运算定律"凑整"并进行简算才是本节课的教学重点。根据以上分析，在量规设计时把重点放在了如何整理运算定律以及如何出能简算的题目当中，并利用量规的第三项评价标准鼓励学生整理出有质量的题目，利用量规的第四项评价标准鼓励学生能向其他学生讲解简算的过程。

（三）量规设计过程

（1）本节课前置学习主要是对四年级学习的运算定律进行整理和复习，学生对运算定律整理复习也是本节课学习的基础，为了让学生的课前学习质量更高，量规设计的第一项就是运算定律整理的质量和完整。能清晰地描述出运算定律，并能用字母表示的为合格，能用图表的方式将运算定律分类的为良好，表达方式美观的为优秀。

（2）会解决问题是能力，会提出问题才是最大的能力。学生根据运算定律能设计合适的题目是量规设计的评价重点之一。都能提出合适题目的为合格，有一道题被小组选上作为小组习题为良好，两题为优秀。强调典型题目而不是强调怪题、难题。

（3）通过交换习题的方式，让小组之间互相解题。对每一道题标注星级。认为该小组获一个三星级的题目，出题小组就可以评优秀。一个二星级题目，出题小组就可以评为良好。借助同学互评的方式，让学生关注出题的质量，会通过小组讨论把最优秀的题目选入习题集。

（4）对于获得三星级的题目，有出题者评讲。根据评讲效果由教师对学生进行评价。

（四）量规应用计划

本节课课前学习内容的设置就是用自己喜欢的方式整理5种运算定律。学生经过课前的充分学习以后，基本能呈现5种运算定律的文字表达方式和字母表达方式。所以本节课的课堂教学基本是以小组为单位进行合作学习。为了让小组合作学习更有质量和秩序，需要提前跟学生们一起学习量规的评价指标和标准。特别提醒学生奉献值主要考察出题的质量。典型奉献值是别的小组对本组的题目质量的认可。为了增加题目讲解奉献值，可以适当出一些难题，为自己创造讲解的机会。

（五）量规展示

评价指标＼姓名	运算定律整理优秀30良好25及格20（自评）	出题奉献值一题5分（20分起步）（组内评）	题目典型星级奉献值3星15分2星10分1星5分（他评）	题目讲解奉献值1题10分（不上限）（师评）	总分

三、教师/学生反思

（一）教师反思

本节课虽然是以小组合作形式开展学习，学习过程基本都是以学生为主，学习资料基本都是课堂上学生的自主生成资料。但是因为采用了合适的评价表，应用评价表的评价标准牵引着学生学习方向以及学习的方式，总体来说，学习效果很好，课堂上学生的学习积极性很好，每个学生都能参与学习，都能解决在学习当中碰到的问题和困惑，基本体现了以学为主的学习方式。

（二）学生反思

学生一：很喜欢出题这个环节。因为提出问题比解决问题更重要，也很喜欢同学们做不出我出的题而向我请教，我在讲解的过程中对简便计算的认识也更深刻。

学生二：量规表能让我很清晰地了解本节课我们需要学习的内容，也让我了解怎样学习才能得到更好的评价。我觉得这种学习方式很好，让我努力的方向很明确。

A14自评与互评活动的组织

《种植凤仙花》A14能力点认证案例

一、基本信息

教学主题	种植凤仙花	所属学科	科学
教学对象	四年级	任课教师	陈前芳
所属环境	√多技术融合　　智慧教育		
能力维度	学情分析　　教学设计　　学法指导　　√学业评价　　融合创新		

二、工具的选择/设计

（一）学习环境

智慧教育环境

（二）学生情况

通过四年级上学期的科学课教学，学生对科学课的认识得到了一定提高，部分学生已学会了自己收集资料和进行课堂记录的习惯，大部分学生已会进行仔细的观察，学生在实验前已具备了提出假设，然后设计实验计划，最后进行实验验证，具备了初步的探究能力。学生小组内的合作交流也有了基础，已具备一定的观察能力，探究能力有了很大的提高，他们对周围世界有着强烈的好奇心和探究欲望，他们乐于动手操作具体形象的物体，这些能力能更好地帮助我们开展种植凤仙花这项探究型学习活动。

（三）学习目标

以种植凤仙花和观察记录植物的生长变化活动为主要线索，在亲历活动中发现，植物生长需要一定的条件；种子萌发后先长出根、再长出茎和叶，生长到一定的阶段会开花、结果、长出新的种子。跟随着凤仙花长出根、茎、叶等新器官的顺序，引导学生观察各器官的形态结构，探究各器官的功能，初步形成植物体的结构是与其功能相适应的认识。同时，帮助学生学习栽培植物的方法，发展学生长期观察记录的能力、根据观察现象推测植物未来的生长变化趋势等科学探究能力，进一步激发学生研究植物的兴趣和珍爱生命的自觉。为了让学生完成凤仙花的观察记录过程，可借助平板教学、畅言晓学APP等来进行辅助教学，令学生在完成学习任务的同时进行自评或互评。

首先是平板的使用，在种植凤仙花的活动课中，学生在种植前需要了解如何选种、如何播种、凤仙花的生长条件和习性以及在种植过程中如何观察记录，需要记录下来哪些东西等等，这个过程就可借助平板来完成。学生利用平板进行小组合作学习，每个小组制定一份"凤仙花种植观察计划表"和"探究发现问题记录表"。然后通过平板上传共享，所有学生都能看到每个小组的计划表，然后每个小组之间或者班级学生之间就可以对其他小组的计划表展开评价，从中找出优点或者不足之处，进行完善。

畅言晓学APP为师生提供了一个良好的学习平台，能有效地推动自评和互评活动有序开展。在种植凤仙花这项探究型学习任务中，教师可在畅言晓学APP后台发布"种植凤仙花"的打卡任务，每个学生都能以文字、图片以及视频的形式进行打卡，扩大学生之间相互学习与交流的范围和深度，并且通过打卡任务的形式能极大地提高学生的参与积极性。

在畅言晓学APP后台，教师能及时追踪到学生的参与情况，比如是否有按时打卡，通过学生提交的内容了解到他们的凤仙花种植情况，同时在每一个学生打卡的内容下方，教师和班级其他学生能对其进行评价，学生自己也能进行自评，学生在种植过程中遇到的问题，教师和其他学生也能及时在下方出谋划策，学生也能从班级其他同学那里找到问题的解决办法，为学生创造自我反思与自我认知的机会，提升学生的评价能力。同时也能够鼓励学生在活动中学会欣赏和学习他人的长处。

三、学生活动案例

（一）制作记录表

课堂中，让学生分小组讨论交流学习，根据前面学习的内容每个小组制作一份自己的凤仙花观察记录表和问题记录表，然后各个小组通过平板将自己的成果拍照上传共享，要求小组之间进行互评，找出其他小组计划表与自己小组的相同点与不同点，从中找出优点和不足之处，并说明理由，同时组内在展示成果时，要对自己组员的贡献进行点评，生生互评，教师在这个过程中适时进行引导性点评，最后结合同学们共同商讨出的方案，汇总成一份具体可实施的"凤仙花生长观察记录表"和"探究发现问题记录表"。

（二）"种植凤仙花"打卡

依据在课堂上的学习，让学生按照学到的方法在家种植凤仙花，依据课上制作的观察记录表对凤仙花的生长过程进行观察记录，探究凤仙花生根发芽、开花结果、种子成熟等所需要的周期，种植的条件如何，在种植过程中发现了哪些问题等。并在畅言晓学APP上完成打卡任务，以三天为一个周期用文字加图片或视频的方式记录凤仙花成长过程中每个阶段的变化。这个打卡任务对班级所有同学可见，在每一个学生打卡的内容下方，可以师生互评也可以自评，在自评与互评活动中为学生创造自我反思与自我认知的机会。

（三）探究交流会

打卡任务结束后，组织一个探究交流会，让同学们在课堂中展示自己的探究成果，探讨种植凤仙花的各个周期情况，可能不同的同学记录下来的凤仙花成长周期不同，那么学生就需要来共同思考为什么会出现这种情况。并且交流自己在种植过程中遇到了哪些问题，又是如何解决的。点评一下在本次活动中，印象最深刻的同学的学习活动，最后拓展延伸到种植其他植物时我们应注意到的问题。

四、教师反思

在此次自评和互评活动实施过程中，分小组制作观察记录表环节时，互评环节有两个小组就是否应记录下凤仙花叶子的数目展开了争论，各抒己见，互不相让，那么就这一项内容是否应出现在我们共同制订的这份计划表中，我们让同学们自己选择解决办法，最后采取了民主投票的方式，少数服从多数。畅言晓学APP的应用，极大地提高了学生们的学习积极性，每次都想最先完成打卡任务，起到了任务驱动效果，并且能实现实时互动，学生每个阶段的成果一经上传，班级其他同学都能实时点评，而且一旦学生在种植过程中发现新的问题或遇到难题，都能很快得到老师和同学的帮助。但是这种在线点评的方式也存在弊端，比如，会有极个别学生会在其他同学的成果下进行不正当的评价，可能会出现不恰当的语言，这个会对班级学生之间的情谊产生影响，并且会对其他学生产生不好的影响。

《习作：我做了一项小实验》A14能力点认证案例

一、基本信息

教学主题	习作：我做了一项小实验		所属学科		语文
教学对象	三（3）班		任课教师		诸昭颖
所属环境	√多技术融合	智慧教育			
能力维度	学情分析	教学设计	学法指导	√学业评价	融合创新

二、工具的选择/设计

（一）学习目标

课上学生对《习作：我做了一项小实验》作业进行自评和互评活动。通过与习作范文对比找出自己习作的不足，在比较的基础上进行自主修改，不断提升自己的习作能力；通过与同学和老师的交流，不断取长补短，更好地完善自己的习作内容。

（二）学习环境

硬件环境：畅言智慧平台、平板和红笔。

软件环境：教学设计的互动内容、互动时长、

（三）学生情况

本班共有学生43人。本人在实施合作学习教学时，主要进行小组合作学习，就是以4人或者6人为一组，将同一班级的学生按成绩、能力、男女比例、性格各方面的差异组建成若干个合作学习小组，针对组内人员各自的特点进行不同分工。

（四）活动过程

（1）在课上连好班级网络，登录畅言晓学APP，点击进入老师布置的作文作业，看完作文智批给的建议后，自己进行自评。接着进入自己小组成员的作文作业进行点评。

（2）资源质量。可自行录制小视频或微课解答课上的某个难点或在批改作业中发现的学生的易错点，并分享给学生，利用线上教学的便利，这样学生可以随时随地自主选择继续攻克难关。

三、学生活动案例

（1）学生自评：学生完成《习作：我做了一项小实验》，并上传到畅言晓学。学生可参考平台上的智批报告进行自我评价。

（2）生生互评：学生与同伴展开小组讨论，分享收获，提出困惑，互相帮助，彼此辅导。每个小组一般6人，分组按1∶1的原则，使质优学生有"对

手"，薄弱学生有"帮手"。在与他人对话的过程中，后进生可以聆听并学习。当对话的双方差距不太大的时候，更有可能对双方都有益。稍高的一方不觉得自己在尽义务，稍低的一方也不会感到受羞辱。每个人都有机会表达并得到回应，在深度交流中满足彼此的个性化需求。此乃"同伴式学习"，让学生有"代入感"，更加投入。组内优秀的同学进行互评作文，先说出3个优点，再说缺点。

四、教师反思

在实施过程中，一些同学能够积极参与互评，对其他同学的习作进行详细评价。也有一部分同学应付了事，没有认真思考去进行点评。畅言晓学的作文智批在实施中发挥了重要的作用，给同学们提供了一个很好的范例，引导学生通过基础表达、内容充实、思想健康、符合题意和行文规范这几个方面进行点评。尤其是对一些后进生而言帮助更大。但是也让部分同学过于依赖智批报告的情况进行点评，限制部分孩子的思维。

《迎接蚕宝宝的到来》A14能力点认证案例

一、基本信息

教学主题	迎接蚕宝宝的到来		所属学科	科学
教学对象	三年级		任课教师	何家伟
所属环境	√多技术融合　　智慧教育			
能力维度	学情分析	教学设计	学法指导　　√学业评价	融合创新

二、工具的选择/设计

（一）学习目标

1. 科学概念目标

（1）蚕卵的外部形态特征包括颜色、大小、形状等。

（2）蚕的一生从卵开始，蚕卵里孕育着新生命。

（3）蚁蚕是由蚕卵孵化出来的。

（4）蚕卵孵化需要适宜的温度和水分。

2. 科学探究目标

（1）能用感官及工具观察蚕卵的外部形态特征。

（2）能用画图、文字等方法记录蚕卵的外部形态特征。

（3）能用收集资料或访谈的方法了解养蚕的相关知识。

（4）能制订切实可行的观察计划，并用于观察记录蚕一生的生长变化。

3. 科学态度目标

（1）对研究蚕卵及养蚕活动表现出浓厚的兴趣。

（2）对饲养的蚕表现出爱心及责任心，能细心照管蚁蚕。

（3）能在课后坚持观察记录蚕的生长变化。

4. 科学、技术、社会与环境目标

了解并意识到人类不断改进养蚕技术以适应自己的需求。

（二）学习环境

智慧教育环境。

（三）学生情况

学生为三年级学生，具有智慧课堂学习机，并且能够熟练使用平板操作。

畅言晓学APP为学生日常学习的重要学习APP，畅言晓学APP功能比较广泛，有日常同步的答题卡练习，趣味任务有打卡任务和七彩任务，家校互通有晒分享、发通知和私密成绩功能。能够针对学科情况，提供相应的功能。通过发布趣味任务，让学生长期观察蚕宝宝的生长情况，学生可以用视频、图片、文字、语音等形式完成学习任务，学生之间可以互相查看作业情况，给予一定的评价及建议，面对完成情况比较好的学生，能够点赞，发表评论对学生评价；面对完成情况一般的学生，学生可以根据自己的经验分享有用的建议。利用信息化工具进行自评与互评，可以提升学生的评价能力，也让学生有自我反思与自我认知的机会，能在评价活动中学会欣赏和学习他人长处的能力。

三、学生活动案例

课前，利用畅言晓学APP发布课前学习自测情况，了解学生对蚕宝宝的知识面。进而调整课程目标，设定重难点。

在课中，通过畅言平板互动工具，发布课堂练习，通过课堂练习，让学生检测自己的课堂接受程度，了解到自己的学习情况。进而根据自己的学习情况查漏补缺，反思学习态度、学习习惯。并且也可以根据自己的学习情况，在畅言晓学上完成自我评价表。教师通过课堂练习的反馈情况，结合学生的学习情况，调整教学计划。

课后，通过使用畅言晓学APP，发布课后练习，给定观察蚕宝宝的课后学习任务，学生可以通过视频、图片和文字等方式上传，学生之间可以相互评价，相互查看对方的作业情况，可以通过点赞、评论的方式，给予一定的评价建议，这样提升学生的评价能力，同样的，学生可以根据评论留言，反思自己的作业情况，一定程度上提升学生参与的积极性。这一课的任务是一个长期的学习任务，从蚕宝宝的出生、幼虫生长发育、成虫繁殖产卵、死亡这一生命周期，长期的观察任务，学生结合自己的实际情况，能在畅言晓学APP中及时请教。

四、教师反思

《迎接蚕宝宝的到来》这一课中使用了信息化工具，亲身体验到信息技术工具与学科课堂教学深度融合，改变了传统的教学方式和学习方式，从而达到了课堂高效。利用畅言平板、畅言晓学APP等信息平台及工具，激发学生的学习兴趣，有利于学生对学习知识的掌握，通过自评与互评的方式，让学生根据自己的知识掌握情况调整学习状态，更好地学习。在学生互评过程中，能够提升学生参与积极性，也让学生有机会充分表达自己的观点，有助于学生加深自我了解，发展批判性思维。在实施自评与互评中，也出现了一些学生情况，个别学生对自评与互评的学习结果，没有很好地分析，而存在自我否定导致自信心下降，对于这种学生，给予及时的心理疏导，分析其学习情况，让其明确学习过程与学习成果之间的关系，给予一定的鼓励，并合作制订学习计划，开展高效的学习。

第五章

融合创新

G1多技术融合活动下在线教育开展

《植树问题》G1能力点认证案例

一、基本信息

教学主题	植树问题		所属学科	数学
教学对象	五年级		任课教师	吴希敏
应用模式	√多技术融合　　智慧教育			
所属维度	学情分析　　教学设计	学法指导	学业评价	√融合创新

二、常用工具介绍

（一）工具功能与特点

常用工具名称：畅言晓学

工具功能与特点：畅言晓学的七彩任务模块可以让老师设计个性化作业，极大地调动学生的积极性。老师可以布置读、写、听、演、唱、画、编、做等七彩类型作业，学生提交文本、图片、音频等作业，提交后，老师可对学生进行点评，学生之间可互相查看和点赞。数学学科具有与生活相联系的特点，可以利用智慧平台布置七彩任务，让学生寻找生活中的数学，拍照上传，进行全班分享。与传统教学工具对比，具备即时分享、教学信息化程度高等特点。

（二）工具应用情境

畅言晓学七彩任务可以应用到教学的课前学习环节。本节课与日常生活联系比较紧密，在学生了解了"间隔"概念后，教师在畅言晓学上设计和发布"找出生活中的间隔"七彩任务，学生课后通过对生活的观察，寻找合适的例子，通过拍照等形式完成任务。平台会及时更新学生上传的答案，教师可随时了解学生的情况，从其中挑选个别典型例子，用到课堂上分享，对学生的答题情况进行分析。

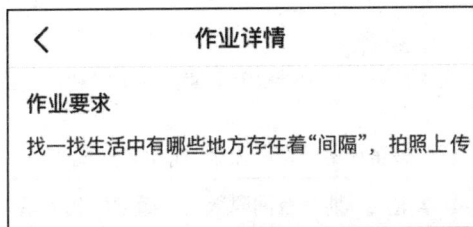

图1-5-1 利用畅言晓学发布七彩任务

（三）工具使用策略

在本课程设计中，教师利用畅言晓学智慧教育平台实现学情数据分析，及时调整教学策略。前测学习过程中，学生可以将其在学习探索过程中发现的资源信息、学习材料，通过平台与全班共享。在课上"展示与分享"环节中，可以展示自己收集到的生活材料，让学生梳理清楚本节课的知识点，扩大学习视野。

（a）A同学找到的"间隔"　（b）B同学找到的"间隔"　（c）C同学找到的"间隔"

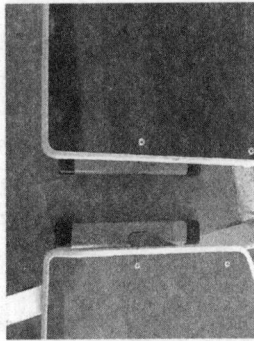

图1-5-2 平台与全班共享

三、课程案例

（一）授课过程

（1）课程教学目标：利用畅言晓学完成课前学习单，感受日常生活中处处有间隔，体验植树问题的价值与应用。

课题		植树问题		
教学目标		1.知识与技能： 理解并掌握植树棵数与间隔数之间的关系 2.问题解决： 经历感知、理解知识的过程，体验"复杂问题简单化"的解题策略和方法 3.情感态度： 感受日常生活中处处有间隔，体验植树问题的价值与应用 4.数学思考： 感悟构建数学模型、化繁为简的数学思想		
教学重难点		教学重点：能理解间隔数与棵数之间的关系并应用到生活中去 教学难点：能运用植树问题的思想方法解决这类实际问题		
教学模式		智慧课堂探究式模式		
具体内容				
课前	课前学习资源	课前学习单	技术支持	利用平板电脑发布、畅言晓学布置作业
	课前学习反馈	学生会数手指中的间隔，并且会发现生活中的"间隔"，例如"护栏""扣子"等等		
	精准教学内容	理解棵数与间隔数之间的规律		
课中	教学环节	教师活动	学生活动	技术支持
	1　展示与分享	师：同学们，老师在课前布置了学习单，让大家了解什么是"间隔"。请同学汇报一下他的学习成果。 间隔在我们生活中随处可见，下面我们来看看大家寻找到的"间隔"是什么样的？	学生汇报，并从生活实例中找出"间隔"	利用"畅言晓学"作业功能"平板同屏共享"功能
	2　新课导入	引入课题 师：我们植树的时候，树与树之间也是有间隔的	学生读懂题意，理解"全长""间距"	利用"平板拍照""同屏分享"功能分享

	教学环节	教师活动	学生活动	技术支持
课中	2 新课导入	（板书：植树问题） 2.出示学校植树问题 在一条长100米的小路一边植树，每隔5米种一棵（两端都种）。一共要种多少棵树苗？ （1）分析题意，思考以下4个问题： ①"长100米"表示什么？ ②"每隔5米种一棵"表示什么？ ③什么是"一边植树"？ ④什么是"两端都种"？ 尝试列式解答： 预设答案有： ①100÷5=20（棵） ②100÷5+1=21（棵） ③100÷5+2=22（棵） 模拟种树，验证答案 课件演示在100米小路植树——数下去，发现100米的路有点长，用数数的方法来找答案太麻烦了 （4）引出化繁为简的思想：先在短距离的小路上试一试	学生读懂题意，理解"全长""间距"	利用"平板拍照""同屏分享"功能分享
	3 精准问题提出	问题1：分小组研究长10米、15米、20米、25米的小路的植树情况，合作画出线段图，完成学习单 问题2："如何计算出间距？""棵数"与"间隔数"之间有什么关系呢		
	4 合作探究	汇报： 展示学生的图画，交流答案 通过表格，发现规律： 全长÷间距=间隔数， 间隔数+1=棵数	小组活动 展示各小组的图示，汇报整理 发现表格中各部分的关系	平板拍照分享

续 表

	教学环节	教师活动	学生活动	技术支持
课中	4 合作探究	追问：这"1"表示什么？多在了哪里？引导学生借助"一一对应"的思想来揭示棵数与间隔数的关系 回顾例题 板书：100÷5=20（个） 20+1=21（棵） 师：看来这些规律你们都掌握得很好。遇到复杂的问题的时候，我们可以先从简单的例子中找规律，然后利用规律再把这个复杂问题解决。在数学上，我们把这种思想和方法叫作"化繁为简"。老师希望大家以后可以多用这种思想方法来解决一些复杂的问题 板书：化繁为简	小组活动 展示各小组的图示，汇报整理 发现表格中各部分的关系	平板拍照分享
	5 随堂检测	第一关：快速抢答 （1）在一段直路挂气球，两头都挂，有8个间隔，一共挂了（9）个气球。 （2）在长18米舞台前放盆栽，每隔3米放一盆，两端都放，一共放多少盆？ 间隔：18÷3=6（个） 6+1=7（盆） 第二关： （1）小朋友在玩跳棋时，刚好有许多颗跳棋排成一列，里面有10个间隔， 那么一列有（①）颗跳棋 ①11　②10　③12 学生排队做早操，8个同学站成一列，有（②）个间隔 ①6　②7　③8	利用规律，直接列式解答	利用"平板抢答"功能完成第一关，互动功能完成第二关

	教学环节	教师活动	学生活动	技术支持
课中	5 随堂检测	（3）在一段长90米的路上的灯柱挂灯笼装饰，每隔15米挂一串灯笼，两端都挂，要挂（②）串灯笼。 ①90÷15=6（个） ②90÷15=6（个） 6+1=7（串） ③90÷15=6（个） 6+2=8（串）	利用规律，直接列式解答	利用"平板抢答"功能完成第一关，互动功能完成第二关
	6 精准提升	第三关：连一连 间隔4米6棵树　全长20米 间隔5米8棵树　全长18米 间隔6米4棵树　全长35米		利用"互动"功能答题
	7 思维拓展	美妙的钟声： 大钟5点敲了7下，敲响第1下到第5下用了8秒钟。12点敲了12下，需要多长时间	小组合作完成	
	8 课堂总结	这节课你收获了什么 生活中还有许多现象类似于植树问题，这些都需要同学们在以后的学习中开动脑筋、积极思考，找到解决问题的好办法	学生畅所欲言	
课后	1.精准作业	课后拓展作业： 在一条全长2千米的街道一旁安装路灯（只装一端），一共要安装多少盏路灯		技术支持　畅言晓学
	2.作业反馈与评价	学生的作业完成得很认真，有过程，并且有的学生根据"一一对应"的思想发现了植树规律		

（2）技术工具在教学中的使用思路：在学生了解了间隔后，教师在畅言晓学上设计和发布“找出生活中的间隔”七彩任务，学生课后寻找生活中合适的例子，通过拍照等形式完成。平台实时更新学生答案，教师可随时了解学生的情况，从其中挑选典型生成，在课堂上用作学习材料。

（二）课程讲义/资源

1. 课前：预习资源

根据本节课的教学目标，教师将课前学习单推送给学生。

本课的主要教学目标为帮助学生能够初步建立植树问题的数学模型，能根据这个模型将生活中类似的问题进行分类，并尝试应用模型中间隔数与棵数的关系来解决问题。此教学目标的实现需要学生具备良好的生活观察能力，从生活中了解间隔的含义。因此，教师在课前学习单中设计了以下两道题目，分别为：根据图片数间隔、寻找生活中的间隔。

1.了解“间隔的含义”

请你们伸出一只手张开手指，两个指头之间的空隙就是“间隔”我们知道了：

（1）

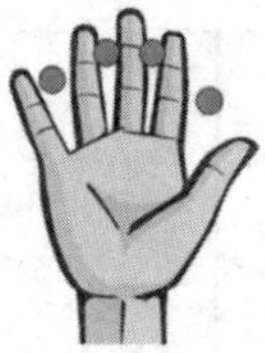

（2）

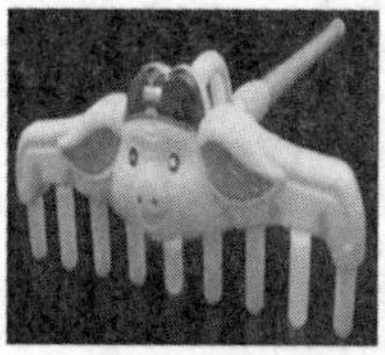

（　）个手指有（　）个间隔　　（　）个齿有（　）个间隔

2.找一找生活中哪些地方存在着“间隔”，用平板拍照发到畅言晓学

图1-5-3　课前学习单

2. 课中：展示与分享

教师课中按照知识架构的逻辑特点，选择不同层次的生成材料进行分享和展示，并在分享展示过程中完成新知识点的架构。

3. 学生体会

学生一：我觉得信息技术放在学习中非常棒，可以像聊天工具一样，看到生活中的数学就可以立刻拍下来，分享到畅言晓学，与同学交流。

学生二：我看到其他同学的角度，了解到原来生活中存在这么多间隔的呀！生活中真是无处不有数学！信息技术帮助我们有效地学习，扩展了视野。

四、教师反思

教学反思：本案例在教学前利用畅言晓学七彩任务功能，先对学情进行了及时获取与分析，这样教师可以对课程内容进行针对性的调整。在课上打开畅言晓学APP进行全班展示与分享，学情反映出学生基本都能理解间隔的含义，会正确数出间隔。因此这节课可以依据学情来设计：通过例题感知间隔，以例题为载体突破教学重点难点，以生活中植树问题的应用为探讨对象，了解植树问题实质，多角应用拓展植树问题的认识。重难点可以放在探究间隔数与棵数的关系，以此建立起植树问题的数学模型。课前学习作业的布置，除了可以检测学生的学情，还可以让学生有更多的机会从周围的事物中学习数学和理解数学，体会到数学就在身边，体验到数学的魅力。在后续的课程中应重视课前学习环节，融合多技术工具，助力教学。

《赵州桥》G1能力点认证案例

一、基本信息

教学主题	赵州桥		所属学科		语文
教学对象	三（3）班		任课教师		诸昭颖
应用模式	√多技术融合	智慧教育			
所属维度	学情分析	教学设计	学法指导	学业评价	√融合创新

二、常用工具介绍

（一）工具功能与特点

畅言智慧课堂平台及其作业辅助工具畅言晓学APP是我常用的教学技术工具。

（1）课堂教学上，畅言智慧课堂平台常用于教学资源分享、成果展示、课堂互动、教学场景创设等。在作业上，畅言晓学APP可实现作业布置、作业提交、作业批改闭环过程，并实现作业内容、作业结果、作业用时、作业评价互动等数据全面采集、动态分析和诊断评价，生成学情报告，实现AI+数据驱动精准教学。

（2）在语文学科学习中，听说读写都非常重要。在课前学习环节中，通过发布畅言晓学的朗读训练，教师可以根据学生的朗读报告，课上有针对性地进行朗读指导。课后的巩固也是非常重要的，畅言晓学可以布置听写训练，并由系统自动批改，减轻教师负担。

（3）学生在预习过程中，遇到不懂的问题可以借助作业平台、班级空间向老师提问。老师在上课前根据数据统计分析学情，个别问题通过微课或课下留言单独为同学解答，针对普遍性问题，老师进行针对性的备课和讲解，避免了大量备课而又无法把握学生问题点的情况，初步实现了课堂翻转，落实了"先学后教，以学定教"的理念。而且，畅言智慧课堂丰富、高效、立体的课堂互动深受学生欢迎。课堂上，教师既可以通过一键同屏连接投影，将教师从讲台设备操作中解放出来，又能够走到学生中开展深入交流。课堂互动形式多种多样，抢答、随机选人，能够充分调动学生的参与积极性。

（二）工具应用情境

在课堂上畅言智慧课堂平台主要用于学情数据分析、即时展示学生成果、汇总学生学习问题。

此外，该平台在语文学科方面还有其他常用功能，例如，运用畅言智慧课堂进行课堂检测，能够将每位同学的答案展示出来，督促学生们在作答时认真思考，谨慎下笔，培养学生良好的答题习惯。

在传统的教学中，老师会给学生布置预习课文、生字自学等任务，课堂上会占用时间来检查预习情况。而利用平板布置预习作业，学生各部分知识的掌握情况在平台的数据中会显示得一清二楚，教师可以根据反馈提前调整第二天授课的重难点，提高课堂效率。

教学活动生成的海量数据，用现代化的分析工具和方法进行加工分析，让课堂转变成为鼓励动态生成，启发思维的活动。在教学评价方面，教学过程的全数字化，可以提供教师数字化评价体系，而不是当下简单的主观评价，增强了课堂上师生互动效果。

（三）工具使用策略

在畅言智慧课堂中，主要利用"全班作答"的数据分析来辅助课堂检测环节。

首先，在检查预习环节，运用"全班作答"来检测学生对生字词的掌握情况。系统能够根据学生的答题情况进行实时数据分析与反馈，老师们可以通过出错率快速地锁定本课的易错字词，从而在课堂上有的放矢地进行讲解，实现精准教学。

同时，"全班作答"功能对于巩固当堂所学知识也十分有效。当教师完成重点问题讲解后，可以随即开展全班分组作答，进行相关题目的练习。学生们在规定时间内在线提交答案后，系统能够自动批改并进行数据分析，使教师对学生的掌握情况一目了然。此外，数据分析也有助于老师们在接下来的教学中调整教学重难点，进行有针对性的讲解，提高教学效率。

三、课程案例

（一）授课过程

课例名称	赵州桥		
教学目标	正确、流利地朗读课文，整体感知课文，把握主要内容 了解课文典型的构段方式，了解一段话是怎么围绕一个意思写清楚的，认识过渡句 能用给定的词语向别人介绍赵州桥，感受我国古代劳动人民的智慧		
教学过程			
教学环节	教学活动	技术使用思路	媒体资源的应用
新课导入	通过上节课的学习，结合思维导图说说课文是从哪几个方面写赵州桥的? 面对这样的赵州桥，作者发出这样的感叹，出示课文最后一个自然段	学生更清楚地看到问题	畅言平台的屏幕分享

续 表

			在课堂教学中运用畅言平台的屏幕分享、抢答、提问等功能,教师在学生回答问题后,在平板上进行小组加分
精准问题与合作探究	感受赵州桥的"雄伟" 看第二自然段,思考:作者描写了赵州桥什么特点? "赵州桥非常雄伟。"这句话在第二自然段中有什么作用? 从哪些句子可以看出赵州桥的雄伟?(自由朗读第二自然段,找出相关的词句画出来) "桥长五十多米,有九米多宽,中间行车马,两旁走人。"这里运用了什么说明方法来写赵州桥? 出示赵州桥实景图,并介绍赵州桥的建造环境,让学生感受赵州桥的雄伟 "这么长的桥,全部用石头砌成,下面没有桥墩,只有一个拱形的大桥洞,横跨在三十七米多宽的河面上。"你从哪里感受到赵州桥的雄伟? 感受赵州桥的"坚固" 除了有一个拱形的大桥洞,它还有哪个重要的结构能让它没有桥墩也能立得稳? 你怎么理解这种结构会很坚固? 出示平时水流图和洪灾水流图,让学生理解这种设计是种创举,并用自己的话简要概括这种"创举" "赵州桥这样的设计有什么优势呢?" 学习关联词"既……又……",并看图造句 补充资料,让学生更进一步感受到赵州桥的坚固	充分调动学生的参与积极性	
	感受赵州桥的"美观" "这座桥不但坚固,而且美观。"理解过渡句:过渡句起着承上启下的作用 思考:作者是如何描写赵州桥的"美观"的? 出示图案照片。总结出运用了排比句 小练笔:"_____,有的……有的……还有的……"了解一段话是怎么围绕一个意思写清楚的	能够将每位同学的答案都展示出来,督促学生们在作答时认真思考,谨慎下笔,培养学生良好的答题习惯	教师通过畅言平台发布互动任务,学生再完成练笔后拍照上传 教师进行点评、展示

续　表

随堂检测	假如你是导游，试着用下面的词语向游客介绍赵州桥。"世界闻名、创举、雄伟、美观"	充分调动学生的参与积极性	在课堂教学中运用畅言平台的抢答功能
拓展延伸	观看《港珠澳大桥》视频	通过视频更直观的感受桥的雄伟，造桥劳动人民的智慧和才干。增强民族自豪感	播放视频
课堂总结	作者写赵州桥的雄伟，坚固，美丽，刻画描写生动细腻，栩栩如生。不仅是在赞桥，更是在赞美造桥的劳动人民，赞美劳动人民的智慧和才干。身为华夏子孙的我们在骄傲、自豪的同时，也要继承和发扬民族文化，爱我们的祖国，立志把她建设得更加美好	学生更清楚地看到问题	在课堂教学中运用畅言平台屏幕分享功能

（二）课程讲义/资源

图1-5-4　课程资源

（1）赵州桥微课：微课详细地介绍了赵州桥的地位、历史价值以及设计。

（2）港珠澳大桥视频：介绍港珠澳大桥的设计、地位等。

（3）赵州桥水流的动画：呈现了赵州桥发大水以及平时水流的动画。

四、学生体会

学生一：老师在课前通过畅言晓学给我们分享了一个赵州桥的视频。虽然没有到场去看过赵州桥，但是通过观看视频，我感受到赵州桥的雄伟。在老师讲解课文的时候也更能体会到劳动人民的智慧。

学生二：课上老师用平板给我们播放了赵州桥水流的动画，让我更直观地感受到赵州桥设计的精巧。能够更好地理解这个创举。课堂上还运用了平板的互动功能，同学们更积极地参与到课堂中去。当我笔记来不及抄时，还可以截屏，课后把笔记补充完整。

五、教师反思

畅言智慧课堂能够提供学生作业、练习及课堂表现等方面的详细数据分析，教师可以就分析结果及时了解每一位学生的学习情况，有助于开展针对性指导，助力学生的个体发展。

当然实施过程中也会遇到一些问题。例如，在网络出现问题时，会影响正常教学；一些学生平板电脑没及时充电，导致课堂检测没办法完成；有些学生的平板电脑内存不足导致没法抢答成功，需要学生及时清理内存。

为了更好地开展智慧课堂，建议制定一些规章制度，各学科总结出常用的技术手段供老师们借鉴，同时引导学生养好良好的习惯，将智慧课堂常态化地推广下去。

G2多技术融合环境下教研活动组织或参与

《基于金湾教育云平台的数学教研活动开展研究》
G2能力点认证案例

一、基本信息

研究主题	基于金湾教育云平台的数学教研活动开展研究	所属学科	数学
研究对象	金湾教育云平台	参加人员	郭海艳
所属环境	√多技术融合　　智慧教育		
能力维度	学情分析　　教学设计　　学法指导　　学业评价　　√融合创新		

二、教研活动方案

（一）教研主题

基于金湾教育云平台开展数学智慧教研活动可行性的研究

（二）教研目标

（1）通过智慧教研探讨智慧教学模式的可行性；

（2）通过智慧教研改变传统的教研方式；

（3）通过智慧教研整合教研资源，促进教学均衡发展。

（三）教研形式

金湾教育云平台环境下数学科组开展的集体备课活动

本学科组现行的集体备课是智慧集体备课，科组长在金湾教育云平台上发起集体备课活动，确定好主备人，主备内容，活动周期，备课要求，确定好参与人，发布内容，其他教师可以在网上实时查看主备人上传的资源（包括教学设计、微课、课件、课前学习单等内容）。参与人可以随时随地在网上对主备人的内容提出个人意见，其他参与者也可以在网上看到同伴的意见，并提出自己的意见和建议。

金湾教育云平台环境下数学科组开展的录播评课活动

教师可以在班级通过班级录播系统直接录制自己上的每一节课，导出的视频可以传到金湾教育云平台，由科组长发起录播评课活动，同伴可以随时随地查看录课视频，省去了去班级听课与调整课程时间的麻烦，教师利用自己的空余时间就可以向同伴学习，教师们都很喜欢这种教研方式。

金湾教育云平台环境下数学科组开展的主题研讨活动

这种教研方式需要科组长确定教研主题，大家根据主题的要求完成相关的任务。

（四）教研工具

（1）工具名称：金湾教育云平台

（2）工具功能：金湾智慧教研平台具备协同备课、备课中心、资源中心、听课议课、课例中心和优课评选功能。教师们可以发起录播评课活动、集体备课活动、主题研讨活动。还可以通过此平台跨学校、跨区域进行集体备课，从资源中心获取教学资源，在线观议课、开展在线教研活动等。

（3）工具选取理由：①金湾教育云平台是整个金湾区统一使用的平台；②由于金湾区区域较大，采取了网络线上模式进行教研研讨课，给予了在时间上有冲突的教师方便，在充分学习观摩后提供了反思和消化的时间，促进了教师互相学习、互相交流的良好的教研氛围。

（4）工具使用过程：首先打开金湾教育云平台，使用密码和账号登录，进入个人空间选择教研点击参加活动即可。

（五）教研活动实施

1. 研究方法

本次教研活动总体上以行动研究方法为主，以参考文献资料法、经验总结法为辅。

2. 研究工具或技术

（1）工具名称：金湾教育云平台

（2）工具应用环节：教研活动全部环节。

（3）工具具体用途：在此平台上用于布置活动，参与活动，发表自己的意见和建议，观看关于智慧课堂的数学公开课，对智慧课堂下的教学进行点评和研讨。

3. 研究流程

第一阶段：学习阶段

金湾教育云平台的工作人员入校培训，老师们积极参加培训学习。对整个教研活动内容更加清晰明了。

第二阶段：实践阶段

科组长率先示范，在网上尝试开展新型智慧教研活动，组员按照活动要求积极参加活动，大家各抒己见、发现问题并及时解决。

第三阶段：总结反思阶段

这种新型智慧教研方式很好，省时省力是一种值得推广的教研方式。授课教师可以依据同伴们的点评及意见收集反馈建议。

4. 研究结果

通过对金湾教育云平台的功能进行实践研究，有利于教师初步认识智慧课堂的教学模式，提升课堂的多种可能性，探讨智慧课堂学科的融合，发现授课薄弱点，整合集体的智慧，从而提升教师全面专业素养。另外还发现了平台里面有很多功能都可以应用于教研，对教研活动有很大的帮助作用。比如录课评课活动，老师们可以反复观看视频，不受时间和空间的限制。还有老师们的集体备课，这种方式不止局限于某个学校开展集体备课，还可以区域间开展集体网络备课活动，老师们的意见和建议，大家可以反复查看，学习别人的思想听取别人的建议。这些活动的同步资源都可以在网上保存，其他老师都是可以一起学习的，实现真正的资源共享。

三、智慧教育理念的支持

"金湾智慧教研平台"项目围绕教师群体的精准备课、精准听评课、精准反思、精准研修等核心业务，利用"互联网+教育"构建网络教研全过程一体化环境。项目利用学生过程性和总结性的学习数据，发现共性问题，开展主题教研；通过汇聚教师个体和群体创建的过程性资源，整合各级各类优质教师资源和课例资源，构建特色教学和教研资源库，发掘教师教研的不竭动力，切实提高区域教师教研能力和整体教学水平。

四、未来研究展望

（1）需要开展智慧课堂各环节的细化研究，促进学科课堂与信息技术深度融合，不断探究实践成长。

（2）希望学校多举行类似的智慧教研活动，让年轻老师有更多更好的向经验丰富的老师学习和成长的机会。

（3）希望能在专家的引领下，鼓励大家大胆开展智慧课堂的融合创新。

五、教研活动效果与反思

（一）教研活动开展效果

教师们通过本次基于金湾教育云平台的数学教研活动，创建了群体备课资源，整合了各方之所长，学习了智慧课堂与数学课堂的兼容性与创新性，是一次很好的促进教师专业成长的教研活动。智慧教研这种新型教研方式很受老师们的喜欢，大家都积极主动参与教研，积极学习。每个老师对这种教研方式的评价都很高。

（二）教研活动反思

随着智慧课堂教学模式继续开展，教师要不断开拓视野，进一步学习智慧课堂教学理论，做到理论与实践相结合，进一步提高教学和信息化融合，提升教师教学能力，更好地发展教育工作。作为年轻老师通过这样的教研活动多收集其他老师们的资源，发现其中的优势、学习其精华，从而提升自己的业务水平。

《翻转课堂随堂检测》G2能力点认证案例

一、基本信息

研究主题	翻转课堂随堂检测		所属学科	小学语文
研究对象	高年级		参加人员	高年级语文教师
所属环境	√多技术融合 智慧教育			
能力维度	学情分析 教学设计	学法指导	学业评价	√融合创新

二、教研活动方案

（一）教研主题

设置高效的智慧课堂随堂检测环节，帮助学生自主学习和知识构建，提高课堂效率。

（二）教研目标

用丰富的信息化教学资源和各式各样的练习手段对学生进行课堂练习检测，可实现系统的自动批改，实时智能评价与大数据统计，快速地分析和反馈学生的随堂检测效果。

（三）教研形式

（1）教师认真学习粤教云翻转课堂的相关理论书籍，提高"翻转课堂"信息化教育理论水平，熟悉小学语文高年级翻转课堂随堂检测的常用方法。

（2）师生开展粤教云翻转课堂常规化，实现师生熟悉流畅地平板教学机开展互动课堂，为翻转课堂随堂检测的高效开展提供有力的技术支持。

（3）制定"翻转课堂随堂检测"的研究方案，重视"翻转课堂随堂检测的高效设置"的研究、改进、提升。

（四）信息技术教研工具

（1）熟练使用教学平板电脑的互动功能，提高"随堂检测"的技术能力。

（2）指导孩子们熟练使用学生平板电脑教学机的各项功能，提高随堂检测的实效性。

（3）研究"智慧课堂教学模式"，探究翻转课堂随堂检测的方法、内容、数量与质量的高效搭配。

三、教研活动实施

（一）研究方法

比较法、行动实施法、经验总结法。

（二）研究工具或技术

使用教学平板电脑的互动功能，提高"随堂检测"的技术能力。

（三）研究流程

（1）学习相关理论书籍，提高理论水平，熟悉翻转课堂随堂检测的常用方法。

（2）熟悉流畅地平板教学机开展互动课堂，为教研开展提供有力的技术支持。

（3）在教研中研究、改进、提升。

（四）研究结果

研究翻转课堂的随堂检测如何高效设置，既帮助老师了解学生学习程度，又增加高年段学生的语文知识掌握，做到巩固、查补漏缺和能力提升，提高翻转课堂的学习效率。

（五）智慧教育理念的支持

构建主义学习理论认为，学习是获得知识的过程，知识不是通过教师传授得到的，而是学习者在一定的情境（即社会文化背景）下，借助其他人（包括教师和学习伙伴）的帮助，利用必要的学习资料，通过意义建构的方式而获得的。智慧课堂（翻转课堂）特别注重学习者知识的自主建构、自主探究和自主发现，并将这种自主学习与基于情景的合作学习，基于问题解决的研究性学习相结合起来特别有意义，有利于学生的创新意识、创新思维和创新能力的培养。

（六）未来研究展望

随着教育教学信息化的深入，教师要进一步学习信息化教育教学的理论，提高信息化教育教学的运用能力，要注重翻转课堂随堂检测的方法、内容、数量与质量的高效搭配，发现其中的高效所在，扬长避短，才能不被信息技术所束缚，做教学的引导者，提升学生自主、合作、探究的能力，培养学生成为真正的学习主人。

四、教研活动效果与反思

（一）教研活动开展效果

在随堂检测客观题部分，教师可以组织学生利用平板电脑教学机互动—提问功能：选择题/判断题/填空题的云互动随堂检测。选择题类型包括：选择正确的读音、选择合适的关联词、选择恰当的成语运用、选择理解正确的句子、选择没有病句的等等，此类选择题常常在试卷的基础知识部分出现。

在随堂检测主观题部分，教师可以组织学生自主合作探究完成主观题—拍照上传—教师平板电脑教学机实时反馈主观题完成质量—选择典型答题/参考答案讲解，做到反馈的及时性、广泛性、高效性。例如，修改病句题、课外阅读题、作文仿写题等，时间10分钟左右比较合适。

在翻转课堂随堂检测环节，教师还可以运用平板电脑教学机互动—抢答功能/随机功能/投票功能/讨论功能/讲评功能/PK功能/表扬功能，教师发布随堂检测的手段更具可选择性，注重对学生学习的激励措施，提高学生完成练习的合作性、主动性、竞争性。例如，小组学习、知识抢答等等。

随堂检测环节整体时间可以控制在5—10分钟比较适宜，环节设置可以在教学过程前部分，例如检查学生对微课学习任务单的掌握情况；也可以再教学任务完成后进行，以检测学生对某一知识点或整个教学内容的掌握情况，便于教师掌握学情，有针对性地进行重点的讲解，补充说明。

（二）教研活动反思

教师在实践研究中，进一步提升课堂教学练习的实效；要进一步做好课前充分备课、制作微课及自主学习任务单；要引导学生在课堂外微课自主学习、整理收获、提出困惑；在课堂内展示交流、协作探究、小结收获、拓展知识、随堂检测、布置作业；还要注重翻转课堂随堂检测的方法、内容、数量与质量的高效搭配，促进素质教育。

G3多技术融合环境下教学模式创新

《太阳》G3能力点认证案例

一、基本信息

教学主题	太阳		所属学科	语文
教学对象	五年级		任课教师	何三兰
所属环境	√多技术融合 智慧教育			
能力维度	学情分析	教学设计	学法指导	学业评价 √融合创新

二、模式介绍

（一）教学指导思想

互动式教学模式是倡导学生自主、探究、合作的教学模式，强调学生参与教学过程，学习的中心转移至学生，重在"以生为本"，将学习的中心转移至学生，课堂教学活动以学生的学为主，既实行教学民主，做到尊重学生自主选择学习内容、学习方式、学习伙伴的权利，又要发挥教师的主导作用，加强教学全过程的指导，使学生的学习成为目标明确、氛围愉说、人人投入、个个实践、生动活泼、省时高效的学习。

互动式教学模式适合小学生活泼好动的特点，有利于提高学生参与教学的积极性与学习的趣味性。在小学语文教学中运用互动式教学模式，是激发学生学习积极性，提高语文教学有效性的重要途径。

（二）教学目标

1. 知识与技能目标

（1）引导学生课前利用微课，在自主学习会认"摄、殖"等几个生字，会写"摄、氏"等几个字，正确读写"寸草不生、摄氏度、繁殖、粮食"等几个词语。

（2）正确、流利、有感情地朗读课文，知道本文从哪些方面来介绍太阳的特点，太阳与人类有怎样的密切关系。

2. 过程与方法目标

（1）了解本文运用的列数字、做比较、举例子、打比方等说明方法，体会其表达效果。

（2）阅读简单的说明性文章，了解基本的说明方法；搜集资料，用恰当的说明方法，把某一种事物介绍清楚。

3. 情感态度与价值观目标

（1）培养阅读说明文的兴趣，初步学习阅读说明文的方法。

（2）培养学生热爱自然的兴趣，激发学生探索自然的欲望。

4. 学科核心素养目标

（1）理解课文内容，知道太阳的特点以及与人类的密切关系。

（2）了解本文所运用的说明方法，对照说明方法找出相应的句子，体会其表达效果，尝试运用说明方法描述事物。

（3）培养阅读说明文的兴趣，初步学习阅读说明文的方法。

（4）培养学生热爱自然的兴趣，激发学生探索自然的欲望。

（三）适用学科内容

适合语文所有内容。

（四）适用环境

本节课在畅言智慧教室开展云互动智慧课堂教学。

（五）使用的技术工具

教师在课前利用畅言晓学APP，在班级圈里分享生字新词的微课，再通过畅言晓学APP布置生字新词的朗读作业和预习作业。教师即时查看学生作业提交情况，以此来进行二次备课，调整教学内容。课中通过智慧课堂教学，利用平板进行"互动"的功能，教师进一步梳理课文结构；自主、合作探究"太阳与植物生长和动物的生存、繁殖有什么密切关系？"和"太阳和人类生活吃的、穿的、用的能源，如煤炭有什么密切关系？"这两个问题；课中用平板互动提问功能布置练习，学生学习说明方法分析关键句子，实现大数据随堂检测。课后利用网络资源，分享有关太阳奥秘的视频，激发学生对说明文的兴趣，再通过布置有关太阳的手抄报作业，既能有效地落实本课的教学目标，又能锻炼和提高学生信息化搜索能力和实践操作能力，进而提高语文素养。

三、操作程序

（1）利用科大讯飞智慧课堂、畅言晓学APP、平板上的互动功能、网络资源等各种信息化技术特征最大化服务于学生学习，为学生提供能够自主学习的资源，真正促进每个学生都能实现有效、充分的个性化学习。

（2）课前在智慧课堂班级空间分享微课《〈太阳〉一文的说明方法》，畅言晓学APP布置本课的生字新词，教师二次备课提供参考指标。利用网络资源查找有关"太阳与植物生长和动物的生存、繁殖有什么密切关系？"和"太阳和人类生活吃的、穿的、用的能源，如煤炭有什么密切关系？"这两个问题的文字、图片资料，分享在畅言晓学APP的班级网络空间，形成分享、交流的学习平台，服务学生学习课文内容，促进学生自主学习、探究学习。

（3）课中教师发布有关说明方法的随堂检测，学生利用平板电脑教学机完成相应题目，教师根据学生的答题进行大数据统计和汇总，提供多维度的练习质量分析，帮助教师发现学生的知识、技能和能力已经达到的水平和存在的问题，把握学生学习的差异性，为课堂教学实施提供依据，让教师及时调整教学策略，对因材施教大有帮助。

（4）课后教师发布在畅言晓学APP班级圈的课后微课《太阳跟我们有什么关系》、课后作业（搜集更多关于太阳的图文资料，分组制作一份手抄报）等，让学生学习空间从课堂延伸到课后，促进学生深度学习，促进学习的广度与深度。

四、教师反思

课例《太阳》，是统编版语文五年级上册第五单元的一篇说明文。本课采用的是互动式教学模式。课堂上以建构主义学习理论为依据，利用智慧课堂的大数据、云计算、物联网和移动互联网等信息技术，应用于课前、课中、课后全过程，课堂"以学定教"的策略具有智能性、高效性。

一节课下来，我发现学生学有所获，基本上达到了我预定的教学目标，但也存在不足的地方。在进行教学设计时，我设置的环节比较多，以至于有些细节问题没有处理好，在时间的安排上前松后紧。而且，在学生进行小组讨论的时候，教师应多巡堂，检查学生掌握知识的情况。

五、学生体会

学生一：《太阳》这篇说明文看似简单，其实还是有一定的难度，特别是"太阳与植物生长和动物的生存、繁殖有什么密切关系？"和"太阳和人类生活吃的、穿的、用的能源，如煤炭有什么密切关系？"这两个问题，如果老师没有在课前布置了我们上网查找有关资料，我还真的不知道怎么回答。看来课前的预习准备工作，对课文的学习大有裨益。另外还有一点，就是老师分享的微课《〈太阳〉一文的说明方法》，可以不受空间和时间的限制，让我反复地学习，直到我弄懂为止。

学生二：太阳是我们司空见惯的事物，但是要我们深究对它的了解，还真不懂。何老师让我们课前查阅资料，课中分享资源，小组合作探究，课后布置相关作业，运用知识，环环相扣，让我们更深刻地了解到太阳的相关资料，而不是肤浅地认识它。同时在了解的过程中锻炼了我们筛选、整理、归纳资料的能力，扩大了有关太阳的知识面。我非常喜欢这种上课的模式，不仅高效还有趣。

《中国美术作品中人物的情感表现》G3能力点认证案例

一、基本信息

教学主题	中国美术作品中人物的情感表现	所属学科	美术
教学对象	五年级	任课教师	张敏琳
所属环境	√多技术融合　　智慧教育		
能力维度	学情分析　　教学设计　　学法指导　　学业评价　　√融合创新		

二、模式介绍

（一）教学指导思想

（1）政策导向：从部分省市将美术学科列入中考范围，可看出国家大力持续发展美术教育的决心和目标。我区（珠海市金湾区）对美术教育十分重视，为我区每所学校配备了专用的美术教室以及专职美术教室。为了推进现代化智慧教育，我校（珠海市三灶镇海澄小学）是2.0信息化中心校试点校，全校师生配备了人手一台教学平板，可实施教学互动。

（2）现有教学模式的不足：传统的美术教学模式是使用传统的教学手段，完成特定的教学内容的一种教学模式，特点是教师口授、板书，学生耳听、笔记，教师能根据学生及时反馈的信息，了解学生对所学知识的理解程度，并据此调整教学策略以达到预期的教学目的。由于艺术教学的多样性和广泛性，传统的教学模式的知识传授面范围小、程度低，难以提高艺术教学的质量。从学生的角度来看是，学生在这种教学模式下是被动地接受知识的方式，束缚了学生的思维发展，让学生的学习主动性丧失。

（3）学科教学实际：我校在美术学科教学上采取了传统的教学模式和新型的教学模式相结合，在两种教学模式中取长补短，探索美术教学的可能性，提高美术教学的质量。

（4）新型教学模式的优势：本节课将示范性教学技术环境与传统教学相结合，使用多媒体课件演示辅助教学，教学过程中发挥多媒体课件多媒体化、交互性强的特点、利用了文本、声音、图形、视频等多种媒体信息设置合理的语言操练情景激发了学生的学习兴趣，为学生任务性学习、合作性学习、自主性学习提供了很多空间和机会。

（二）教学目标

1. 知识与技能

从作品中的人物造型、肢体动作、五官描写、场景气氛感知中国美术家以表情动态的特征表现人物情感的艺术手法。

2. 过程与方法

（1）用描述、分析、解释、评价的美术欣赏方法，欣赏、评述美术作品。

（2）在分析、讨论中养成自主学习与合作学习的能力。

（3）熟练使用平板电脑进行课堂互动。

3. 情感态度与价值观

（1）通过感受战时人民的生活惨况，珍惜当下国富民强的和平年代的美好生活。

（2）尊重别人在美术欣赏趣味性的多样性和差异性，能用悦纳的心态接受多样的美术作品和美术形式。

（三）核心素养目标

（1）适用学科内容：美术。

（2）适用环境：智慧课堂教室。

（四）使用的技术工具及其应用策略

（1）构建具有可操作性和稳定性且适用于多技术融合环境的教学模式。

（2）创建更加真实的学习情境，实现课堂教学多样化、趣味化。

（3）充分发挥教师在教学中的主导作用和学生的主体性。

（4）提高学生的合作交流、问题解决、实践创新能力。

（5）实现信息技术与学科教学的深度融合。

（五）操作程序

课例《中国美术作品中人物的情感表现》是岭南美术出版社五年级上册第3课，采用的是多技术融合环境的美术教学方式。教学环境是在智慧教室，教师学生人手一台平板，实行教学实时互动。本节课以学生为主体，教师采用多技术融合教学模式引导学生进入课堂，探索"中国美术作品中人物的情感表现"。

三、教学过程

教学过程	教师活动	学生活动	教学意图	技术、资源（含平台与工具）
课前预习	教师布置预习： 1.学生复习四年级下册《语文》有关于抗战内容的课文 2.用一个形容词来形容战争，并在白纸上用彩色笔写下，并装饰一下	学生完成预习	学生提前预习。感知有关抗战内容，对本课学生理解和欣赏作品起到一个情感铺垫作用，且达到美术和语文学科的融合	畅言晓学APP提前布置任务单
新课导入	1.教师变魔术，展示人物不同表情 2.你为什么会笑？你一般会为何笑？ 3.板书课题	看老师变魔术，回答问题	通过变魔术，充分吸引学生的注意力，初步感受用表情来表现人物不同情感。用提问的方式，打开情绪的话题，让学生思考自己为何哭笑，和作品人物的情绪形成反差	
课堂发展	教师小结：我们的哭笑是因为生活琐事，但是作品《流民图》的笑容是留给几粒米，泪水洒给逝去的亲人 1.欣赏与评述 教师展示作品《流民图》 播放视频：《流民图》创作历史背景。教师结合四年级语文教材讲述战争的残忍以及画家蒋兆和的生平	学生结合四年级语文课本谈对《流民图》的感受	引出作品《流民图》 了解《流民图》作品的基本信息	平板电脑教学机运用、操作PPT课件

教学过程	教师活动	学生活动	教学意图	技术、资源（含平台与工具）
课堂发展	师问：蒋兆和先生为什么要把这些备受侵略战争残害的穷苦百姓的惨状画出来？ 师小结：鲁迅先生弃医从文，用文字唤醒被压迫的人民反抗意识。蒋兆和先生是何等悲天悯人，他用画笔再现穷苦百姓水深火热的生活惨状，是为了唤醒人民的反抗、斗争意识 探究与分享 剖析情感方式 ①说一说你是怎么看出这表情的？ 教师板书： 面部表情：眼神呆滞 身体动态：骨瘦如柴 服装造型：衣衫褴褛 ②画家用什么样的色调来表现由于日军侵华造成的民不聊生的悲惨现状？换成暖色调会怎样？ ③画家用什么样的线条来表现老人苍老、枯瘦的身体？（粗犷的断线还是连续的长线？）画家用什么线条表现儿童瘦小、柔弱的身体？ ④整幅画面构图上有哪些对比？ 2.探究情感表现 ①从面部表情、服装造型、身体动态等几个方面，分组探究情感细致表现的方法，完成本课"学案"	学生回答问题。 学生思考并回答。 学生分组探究，完成本课"学案"，小组代表汇报	点明蒋兆和先生的创作意图，说明在每个朝代都有爱国爱家人士 加深学生对情感的理解。培养学生欣赏作品的基本方法。 通过局部分析画面中人物的表情、动作、服装造型，理解人物情感，突出重点 通过问题层层深入，理解作者创作意图和艺术手法，引导学生与作品人物内心情感产生共鸣，突破教学难点 提出问题，引发学生思考，带动学生对整幅作品情感的理解 教学过程中加强爱国主义教育，培养学生热爱祖国的爱国主义精神	利用平板互动功能——抢答

教学过程	教师活动	学生活动	教学意图	技术、资源（含平台与工具）
课堂发展	②小组汇报，教师总结板书 ③组织学生说说自己对作品的理解和感受，带动情感共鸣 ④想一想：如果有穿越时空的电话，你想对那个时代的同龄的孩子们说什么？ 教师小结：当我们国家不够强大的时候，就会被列强欺辱，造成民不聊生、国家衰亡，当年开国大典我们国家飞机数量少，还要飞两遍，如今山河无恙，国富民强。我们应该好好珍惜当下的学习生活，好好学习，力争新时代好少年 3.布置作业 90年前，我国民不聊生，但是现在国富民强，今天我们学习了从面部表情等方面表达人物情感，2019年是我们建国70周年，请同学们用设计一个"表情包"来表达你对祖国的热爱之情	学生完成课堂作业	相对于《流民图》的悲情，现在我国国泰民安，国民安居乐业，要加强乐观主义的教育，培养学生热情积极向上的爱国主义精神	平板电脑教学机分享学习任务，清晰小组合作学习的任务
展示与评价	组织学生展示作业 引导学生从以下几个方面评价作业： ①表达自己对祖国的热爱之情的感受 ②评一评谁的表情包最生动最有趣，最能表达情感 ③教师小结	展示作品：向全班同学介绍作品，与同学分享，体验成就感 评价作品：学生相互评价谈谈这节课学习收获了什么？	学生通过动手实践，体验人物情感的细节表现	

教学过程	教师活动	学生活动	教学意图	技术、资源 （含平台与工具）
课后延伸	小结：今天我们了解了中国美术作品是从面部表情、服装造型、身体动态等方面表现人物的情感，课本中还有一件陶塑作品《说唱俑》，课后希望同学们从这几方面去欣赏、感受此作品是如何表现人物情感的	学生谈谈自己的感受	拓展对情感表现形式的认识	

四、学生体会与教学反思

（一）学生体会

通过学习了《中国美术作品中人物的情感表现》这一课，我感受到了蒋兆和先生的《流民图》表达的情感、感受很深刻，我们要好好珍惜现在的生活，牢记先辈们所付出的汗水和努力。

通过学习这一课，我能更直观地去欣赏中国画，知道要怎么去看中国画，还知道了表情、动态是怎么去表现人物的情感的。

（二）教学反思

五年级的《中国美术作品中人物的情感表现》是一节非常难上的课程，首先美术欣赏课以老师讲、学生听为主，这样传统的教学模式对于五年级的学生来说接受知识的程度较低。本课采用了多技术融合的方式，从课前、课中、课后三个维度去渗透美术学科知识，学生能更深层次地理解和感受原本乏味且枯燥的理论知识，达到情感上的共鸣。通过图片、视频、声音、表演魔术不同感官方式去影响学生，达到学生学得开心，教师教得愉快的一种良性状态。

第二篇

智慧教育

第一章

学 情 分 析

G4基于数据分析的学情诊断

《植树问题》G4能力点认证案例

一、基本信息

教学主题	植树问题		所属学科	数学
教学对象	五年级		任课教师	吴希敏
应用模式	多技术融合	√智慧教育		
所属维度	√学情分析	教学设计	学法指导	学业评价 融合创新

二、学情诊断方案

（一）学情诊断时机与目的

"植树问题"是五年级上册"数学广角"的教学内容。植树问题可以分为不封闭植树问题和封闭植树问题两类情况，而不封闭的植树问题又可以分为一条线段上的两端都栽、只栽一端和两端都不栽三种情况，这些问题情境中都隐藏着棵树与间隔数之间的关系。植树问题与日常生活联系比较紧密，学生要能在合作探究中发现棵数与间隔数之间的规律、找到解决问题的方法、能初步建立植树问题的数学模型的前提，是要理解清楚间隔的含义，并会用线段图表示植树情况。本课需要通过课前学情诊断，判断学生已有知识水平，为教学重难点突破，获取参考数据。因此本节课的学生学习起点必须首先从间隔开始。

（二）学情诊断内容

（1）"间隔"含义的整体掌握情况。

（2）在数间隔上有困难的学生。

（三）学情诊断方法

本课的主要教学目标为帮助学生能够初步建立植树问题的数学模型，能根据这个模型将生活中类似的问题进行分类，并尝试应用模型中间隔数与棵数的关系来解决问题。此教学目标的实现需要学生具备良好的生活观察能力，从生活中了解间隔的含义。因此，教师需要在课前通过测试来了解学生关于间距、间隔理解的掌握情况，并根据学情数据来调整教学内容、设计教学活动。题目分别为：根据图片数间隔、寻找生活中的间隔。

基于同样思考，本课的重点为能理解间隔数与棵数之间的规律，难点是理解间隔数与棵数之间的关系并应用到生活中，并能运用规律解决问题。突破此重难点需具备间隔、间距、用线段图表示植树情况的知识基础，因此教师设置了小组合作探究汇报、课堂互动等检测方式，以此对课前、课中学情进行全面诊断。题目分别为填空题、选择题、拓展题。

探究活动（二）——两端都栽			
全长（米）	间距（米）	间隔数（个）	棵数（棵）

图2-1-1　小组合作探究

两端都栽时

（1）5个间隔有（　　　）棵树；

A.4　　B.5　　C.6

（2）5棵树有（　　　）个间隔；

A.4　　B.5　　C.6

图2-1-2　选择题

（四）数据收集与分析工具

（1）工具：畅言晓学APP和科大讯飞智慧课堂

（2）选取理由：畅言晓学APP和科大讯飞智慧课堂为教师提供了完备的测试方式，教师可在畅言晓学APP上设计和发布前测习题，学生通过拍照形式完成，平台随时更新学生的答题情况。教师通过科大讯飞智慧课堂答题功能可以快速发布题目，学生在平板电脑上接收题目后选择答案。后台会自动批改，显示学生的正确率、每位学生的答题情况，便于教师及时获取和统计学情。

（五）数据与可视化结果及分析

在教学目标的前期知识储备方面，学生总体掌握情况不错，前测作业第1题准确率达100%，表明全部学生已具备开展进一步学习的基础，教师将正常开展后续的课程。

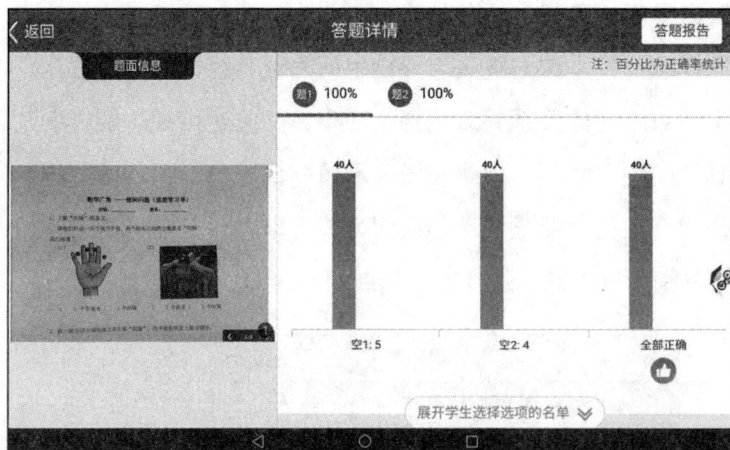

图2-1-3　前测作业第1题

在重点、难点知识的前期知识储备方面，学生水平与教师预期比较符合，有少部分同学水平存在部分偏差。其中A同学的数据表现出对间隔的含义理解有偏差，其认为随便两样物品之间存在的缝隙就叫间隔，但数学上的间隔应当是具有相同间距。如不能及时纠正将对新课程难点知识的突破产生阻碍，需要教师在开始新课程内容讲解前再次对间隔的知识进行二次讲解与练习。

在课堂上，教师围绕"间隔数与棵数"的关系开展小组合作探究的活动，学生分小组讨论、研究，将成果填写到学习单上，最后由小组长口头汇报分享。3个小组长汇报的数据都是正确的，依据这些数据，学生再继续往下探究间隔数与棵数的关系。在课堂互动环节，教师通过平板发布练习，学生完成后提交答案，平板即时显示学生的答题报告。答题报告显示学生完成的情况良好。第1题正确率95%，有2人答错。第2题因教师设置答案有误，正确率很低，实际是35人答对，6人答错。第3题正确率83%，7人答错。以上数据反映，大部分同学掌握间隔数与棵数关系的知识点，会运用该知识点去解决相关问题。有大约7位同学不过关，其中有3位同学错了2题。针对以上数据，教师可以放手让学生去说一说方法，对于不熟练的同学，课后应采取个别化指导。

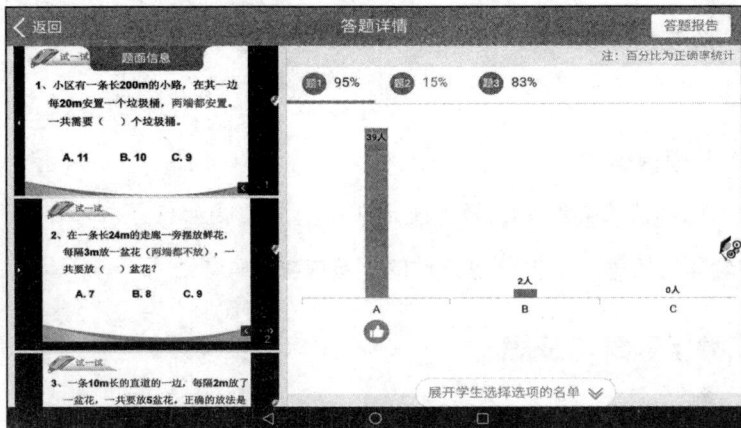

图2-1-4　第1题答题情况

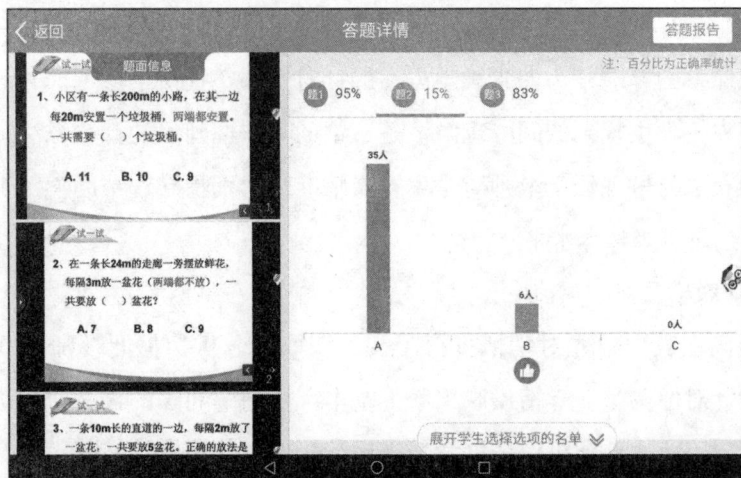

图2-1-5　第2题答题情况

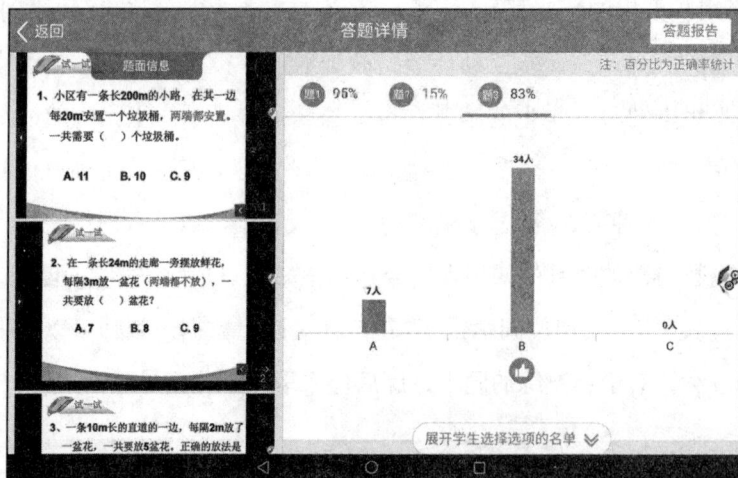

图2-1-6 第3题答题情况

（六）教学调整

依据前期学情诊断结果，教师决定在课上的"展示与分享"环节上，让学生充当小老师的角色，汇报分享自己的学习成果。

三、教学效果与反思

（一）教学效果

通过基于数据的学情分析，教师在课前获得了学生的详细学习数据，及时发现了学生现存理解间隔上的认知难点，改变了传统教学模式下无法判断学生现有知识储备的弊端，为课堂教学方案的针对性调整提供了参考。为此在课堂教学上要先把学生找到的间隔理解清楚、帮助其掌握间隔的计数方法。学情数据的自动获取与呈现便于教师对学生开展精准化个别指导，帮助学困生解决学业问题，追赶班级整体水平。

（二）教学反思

本案例在教学前先对学情进行了及时获取与分析，据此教师可以对课程内容进行针对性调整。学情反映出学生基本都能理解间隔的含义，会正确数出间隔数量。因此这节课可以依据学情来设计：通过例题感知间隔，以例题为载体突破教学重点难点，以生活中植树问题的应用为探讨对象，了解植树问题实质，多角应用拓展植树问题的认识。重难点可以放在探究间隔数与棵数的关系方面，以此建立起植树问题的数学模型。课前学习的检测，使学生有了更多的机会从周围的事物中学习数学和理解数学，体会到数学就在身边，体验到数学的魅力。

《图形的简单排列规律》G4能力点认证案例

一、基本信息

教学主题	图形的简单排列规律	所属学科	数学
教学对象	一（2）班	任课教师	胡宏娟
应用模式	多技术融合　　√智慧教育		
所属维度	√学情分析　　教学设计　　学法指导　　学业评价　　融合创新		

二、学情诊断方案

（一）学情诊断时机与目的

（1）诊断时机：本次诊断是课中的随堂检测。

（2）诊断目的：通过测试，获得学生答题数据，作为教师了解本节课教学实施后学生教学内容掌握情况的参考数据。

（二）学情诊断内容

（1）了解学生找出图形的简单排列规律的掌握情况。

（2）了解学生根据图形简单排列规律解决问题的掌握情况。

（3）筛选出对本节课学习存在认知困难的学生。

（三）学情诊断方法

《图形的简单排列规律》是第一课时，教学目标是：①理解规律的含义，发现、理解图形简单排列规律，能用规范性的语言描述和表示简单规律。②能根据发现的简单规律进行推理，确定后续事物的排列方式。教学重点是理解规律的含义，掌握找规律的基本方法。教学难点是能够表述发现的规律，并会用规律解决一些简单问题。课堂上通过教师引导、师生互动、小组合作探究、学生汇报等环节进行共同探究，完成了图形简单规律的描述以及应用规律解决问题的教学任务。为了检验这样的教学实施以后学生的掌握情况，设置了随堂检测，希望通过检测的数据报告，分析学生学习不足之处，并做出相应的针对性辅导。

该班学生本节课听课状态很好，学生参与率较高，学生学习基础也不错。根据本节课的教学重难点以及学生的课间学习情况，以及该班学生学习常态，作业难度设置为中度，共设置10道客观题。针对低年级学习特点，题目采用了图文并茂的形式，并配置了语音读题功能，方便部分学生不认识字，读不准题目。题目完成时间估计为5分钟。其中，基本题找出图形规律的有第2、3、5、6题，难度都较大。根据图形简单规律解决问题的题目有第4、7、9、10题，难度适中，第1、8题是根据图形简单规律解决稍难的问题，难度较小。

3 找规律。
😌😆😌😆😌😌😆😆( )

A 😆😌

B 😆😆

C 😌😆

平均正确率:98%

4

你能把下面的珠子串下去吗?( )

A A

B B

C C

平均正确率:93%

5

接下来应该摆( )

A 圆柱

B 正方体

C 球

平均正确率:88%

6 看图找规律。
○△○○△○○○△( )△

A ○○

B ○○○

C ○○○○

平均正确率:79%

7

哪一行的规律不同?( )

A 第一行

B 第二行

C 第三行

平均正确率:88%

8

按照上图那样的规律摆下去,第25个三角形应
该是( )颜色的

A 白

B 黑

平均正确率:77%

9 找出图形的变化规律,缺少的图形是( )

A

B

C

D

平均正确率:63%

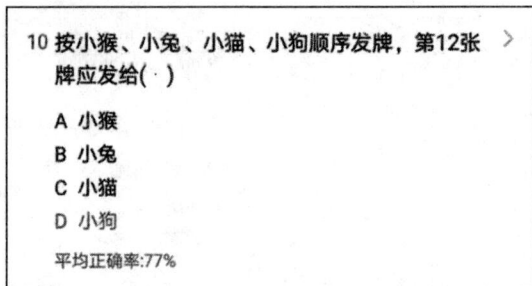

图2-1-7　检测的数据报告

本次学情诊断采用测试方法，在课中随堂检测环节利用小盒作业APP推送客观题到学生平板电脑，学生即时完成，教师即时得到检测报告和数据分析，实时了解学生本节课教学内容掌握情况。

（四）数据收集与分析工具

本次随堂检测采用了小盒作业APP。小盒作业APP是一款专为小学生打造的学习辅助软件。里面有海量作业资源方便教师选取，课程设置与课本知识点同步。作业呈现方式图文并茂，还有语音读题功能，对低段学生独立完成较复杂题面的题目有帮助。

软件有强大的分析和数据的统计能力。学生可以实时查看作业批改各项数据，教师也可以随时查看学生的各项学习数据。

（五）数据与可视化结果及分析

测试完成总体情况。

分析作业提交数据，38名学生全部提交，平均正确率83%，平均用时5分20秒。10位同学100%正确，25位同学通过系统提示后自我订正提高正确率到100%。其中，基本题的第2、3题正确率95%以上，第5、6题正确率80%以上，应用简单规律解决问题的第4、7题正确率90%以上，第8、10题正确率78%，第9题正确率61%，第1题正确55%。其中曾*妍、陈*凯、袁*同学的正确率在60%以下，需要特别关注。

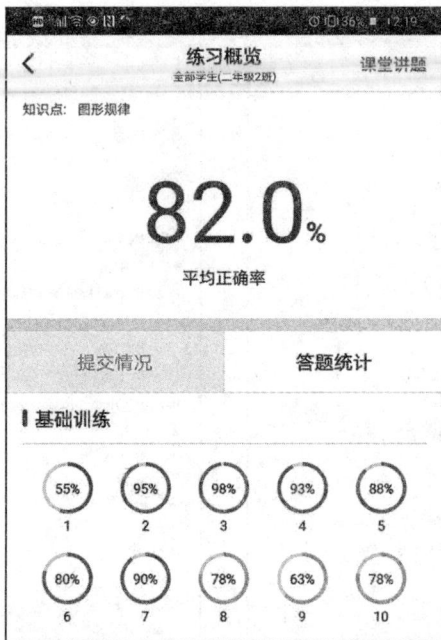

图2-1-8　班级平均正确率以及每道题正确率

以上数据说明该班学生在本节课的学习过程中对基本知识点掌握良好，但对于应用规律解决问题类的题目掌握仍需要加强。针对具体题目分析，第9题由于题面排版过长，导致学生看题不顺畅，不属于知识点掌握情况，第8题和第10题属于同一类型题目，所以在本节课的精讲提升阶段，教师需要主要关注第10题和第1题。

根据学生基本题完成良好的情况判断，在第3题题面上，学生应该理解本题的排列规律，但是当图形没有直观出现时，学生便不能根据描述做出正确判断了。按照顺序一组一组不断重复出现3组以上的图形排列，就可以认为是有规律地排列，但是"不断重复"的意思是可以一直继续下去，当图形数量比较大时怎样根据规律解决问题，在此方面学生没有做较好的处理。第1题的排列规律是两红两蓝的重复出现。右边掉了5朵花的这句关键信息中，5朵超出了一个重复节的总数，右边又是一个干扰信息，所以学生失误较多。如何避开干扰信息，如何让学生理解重复时有可能没有完整重复最后一个重复节的现象，是课堂教学中需要特别关注的地方。

图2-1-9　第10题完成情况分析　　　图2-1-10　第1题完成情况分析

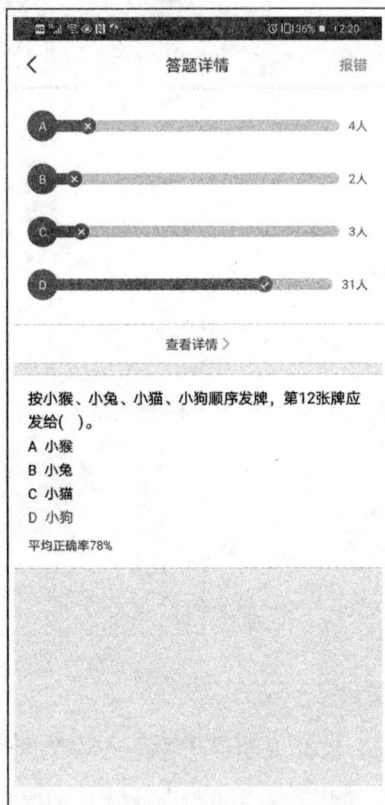

（六）教学调整

基于上述学情数据与分析，在本节课的精讲提升环节，教师设计以下两个练习。

1. 按规律填空

1 2 3 4 1 2 3 4 1 2 3 （　　）

2. 按规律接着画

（　　）

学生完成第1题以后，教师提示，仔细观察，在这行有规律排列的数学里，规律是什么？一共有多少个数学？数学4出现了多少次？为什么会出现2次？其他数字出现了几次？

小结：1、2、3、4共4个数字重复出现，重复两次，就是4+4=8个数学，从第9个数学开始重复出现，重复三次，就是出现4+4+4=12个数学，从第13个数学开始重复出现。所以如果问第16个数学是什么，可以不用画16个数学，只需要把4个数学反复数就可以了。如果是问第17个数学，怎样数呢？生：也就是第一个数学。

请学生根据刚才的解题思路，完成随堂测试的第10题。

学生完成第2题。教师提问：本道题规律是什么？你觉得哪个地方特别要提醒大家注意？通过这种方式让大家明确图中重复的最后一组还差1朵蓝花。补上1朵蓝花后才可以继续按照重复部分接着画。请学生根据本道题的思路再去解决随堂检测题目就轻松了。

三、教学效果与反思

在本节课的随堂检测环节，教师设置检测内容，学生完成检测作业。通过检测后实时推送的数据，让教师发现在教学设计中，忽视了学生发散思维的培养，导致学生在应用简单规律解决大多数问题失误较多。在之后的精讲提升教学环节，针对数据反映出的问题，教师在学习方法指导上面做出了调整。

虽然低年级学生思维以具象为主，教师需要教会学生，如何把抽象问题具象化。例如第10题中只出现重复部分的4个物体，要知道第12个物体，在学生还没学习乘法的前提下，就可以在4个物体上反复数，把抽象问题具象化。第1题不仅要补上重复一组缺失的部分，还要继续按照规律补充，补完数量之后再进行计数。

经过调整，本节课的教学重难点在课堂内基本完成。

G5基于智能反馈的学情分析

《认识钟表》G5能力点认证案例

一、基本信息

教学主题	认识钟表	所属学科	数学
教学对象	一年级	任课教师	郭海艳
应用模式	多技术融合　　√智慧教育		
所属维度	√学情分析　　教学设计　　学法指导　　学业评价　　融合创新		

二、学情分析方案

（一）学情分析对象与目的

对于小学一年级的学生来说已经有了一些关于钟表的知识储备，他们在日常生活中有不同程度地接触，如：上课、下课的时间……有些学生会认读一些简单的时间，有些学生对钟表的知识完全不懂，因而学生们的这些认识都是浅显的、感性的，他们对钟表的认识是不太准确的。课前通过学习，已经初步认识钟表及钟面的组成，粗略了解如何认识整时。但对于拓展延伸知识点认识"几时刚过一点儿"和"快到几时了"难度相对加强。因此在课堂中教师要准备好钟表模型，学生们也要准备好钟表学具，并结合大量的操作活动来观察和学习，通过观察和比较，让学生发现快几时了和几时刚过一点儿与整时钟面的指针位置是不一样的。因此课后通过小盒作业APP布置了相关的习题巩固加强学生对钟表的认识。

（二）学情分析内容

《认识钟表》这一单元的内容时间是比较抽象的概念，对于一年级学生学起来有一定难度，认钟表是比较困难的，首先学生的知识储备少，理解能力还比较弱；其次钟表是一个复杂的度量工具，表盘比较复杂。本节课的教学重点是学生会认读整时，并知道整时的两种表示方法；会根据钟面上的时间用"几时刚过"和"快到几时了"表示出来。教学难点是学生能初步建立时间观念。课后通过小盒作业APP布置了相关习题，其中第1—16题为基础巩固题，第17—22题为拓展提升题，第23—26题为易错专练题。根据学生答题情况，基础巩固题基本全部正确，拓展提升题和易错专练题需要再多加辅导练习，第17、18和25题错误率较高，尤其是第18题，正确率为55%。学生对于"几时刚过"和"快到几时了"总是容易搞混淆，不知道如何判断"时针"和"分针"。依据这个情况，告知学生分针还没有到12表示"快到几时了"，分针已经过了12表示"几时刚过"。

（三）学情分析方法和工具

工具：小盒作业APP。

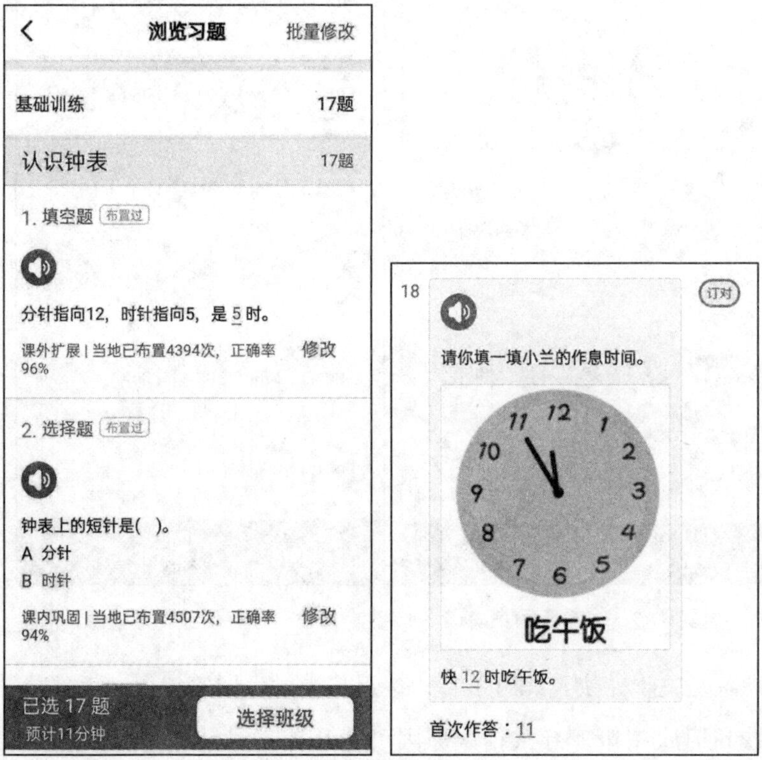

图2-1-11 小盒作业

课后教师通过小盒作业APP发布了26道练习题，让学生通过基础巩固题复习和加深认识整时，再进一步拓展提升"快到几时了"和"几时刚过一点儿"。学生接收到题目后，在平板电脑上输入答案、提交，作业提交截止后，平台会自动批改并生成此次练习的数据报告，统计每道答题的正确率以及全班学生的答题情况，便于教师及时获取和统计学情。

（四）智能反馈结果及分析

小盒作业APP统计的班级答题平均正确率为89%，学生答题平均用时12分53秒。基础巩固题基本上都回答正确，表明学生总体掌握情况良好，认识整时题目都能回答正确。

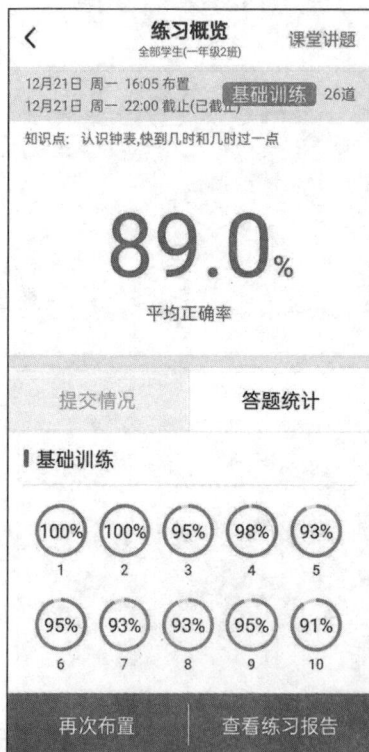

图2-1-12　答题平均正确率　　图2-1-13　答题统计（每道题正确率）

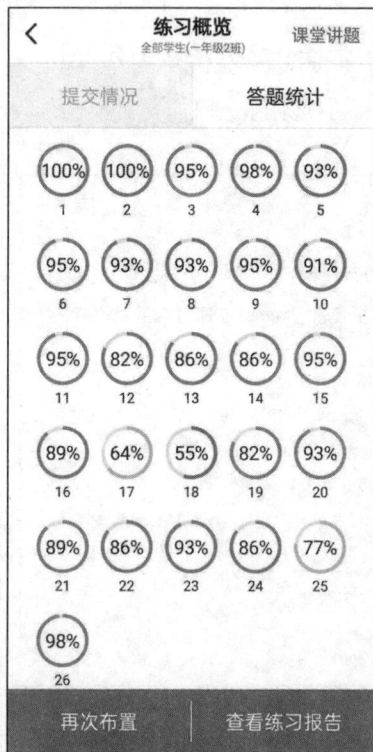

第18题是关于"快到几时了"，接近一半学生回答错误，大部分学生首次作答：快11时吃午饭。导致错误原因可能是：①时针和分针区别不太清楚；②认读整时理解有偏差；③"快到几时了"理解有偏差。

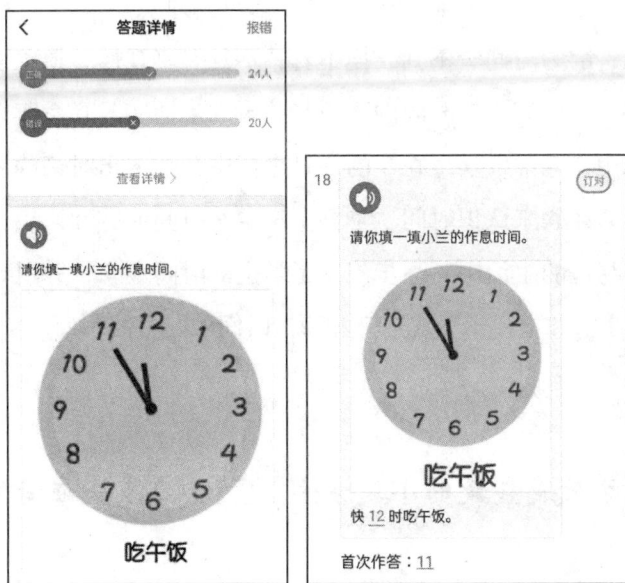

图2-1-14 小盒作业

针对以上数据反馈的问题，在课堂上与学生一起探讨并查找出导致错误的原因。

教师课堂上反复操练并让学生动手拨一拨感知钟面时间。学生能够正确拨钟后让学生画一画并且用自己的语言描述所画的时间，以此来强化学生对时间进一步的认识。

三、教学调整（或教与学的建议）

依据此次练习的数据统计结果，针对"快到几时了""几时刚过一点儿"知识点，首先让学生在钟表学具上动手拨一拨，认真观察时针和分针的位置有什么不同。通过观察和比较让学生更深层次地理解这两个概念。再让学生动手画一画并用语言来描述自己所画钟面所表示的时间，从而强化学生对时间的认识。

四、教学效果与反思

教学效果：利用小盒作业APP数据反馈信息与分析，了解到学生可以熟练地认识整时，针对拓展知识点"快到几时了"和"几时刚过一点儿"大部分学生掌握不是很理想。针对这个知识点教师课堂上利用学具操作演示法和自主探究相结合，同学互助合作共同认识和攻破该教学重难点。

教学反思：因为时间看不到、摸不着，不具有直观性、形象性，儿童感知时间比较困难，所以需要把时间的认识与儿童的生活实际联系起来，才比较容易掌握。教学中，老师以学生在校的一日生活中几个突出时刻的展示，让学生结合自己的生活经验来认识时间，丰富了学生对时间的感性认识，使学生充分感受时间就在身边的生活中，逐步建立了学生的时间观念，并引导学生合理安排自己每天的生活和学习，养成遵守和珍惜时间的好习惯。

《除数是整数的小数除法》G5能力点认证案例

一、基本信息

教学主题	除数是整数的小数除法	所属学科	数学
教学对象	五年级	任课教师	李晶
应用模式	多技术融合 √智慧教育		
所属维度	√学情分析 教学设计	学法指导	学业评价 融合创新

二、学情分析方案

（一）学情分析对象与目的

（1）学情分析的对象：小学五年级学生，课题为《除数是整数的小数除法》。

（2）学情分析的目的：通过智能反馈结果，了解学生学习起点，了解学生的层次水平。

把握学生对授课内容的掌握情况，知晓学生学习结果，从而针对学情分析结果调整教学策略、改进后续教学等。

（二）学情分析内容

针对本节课的学习内容，教师布置了6道选择题来测试学生们对当堂课重难点知识的理解情况，了解学生对当堂课的掌握情况和学生对于课程内容的学习结果。

（三）学情分析方法和工具

利用畅言晓学APP设置答题卡练习，布置习题给学生，让学生用自己的平板电脑答题，老师通过平台的自动批改功能可以及时收到学生们的答题情况，方便老师掌握每个学生的答题正确率，也可以很清晰地知晓整个班的答题情况，还可以清晰地了解每个学生对于每个知识点的掌握情况，便于老师及时掌握学生的学情。

（四）智能反馈结果及分析

图2-1-15　班级正确率

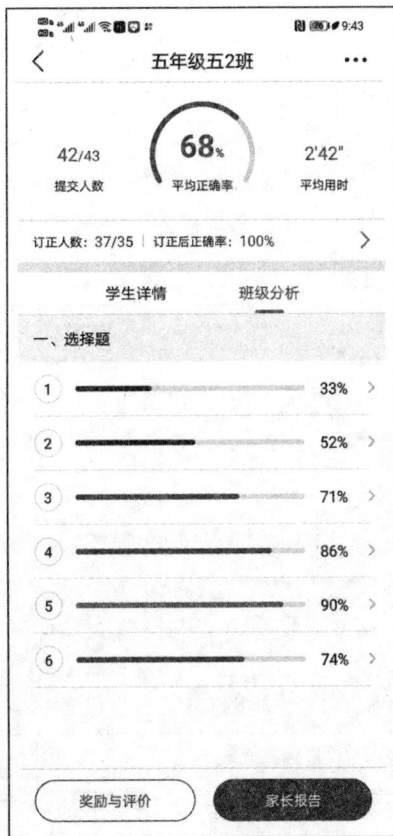

图2-1-16　每道题正确率

以上两幅图分别是班级正确率和每道题正确率的数据反馈图，通过畅言晓学APP的智能数据反馈，可以发现班级的整体正确率是68%，说明对于本节课内容整体掌握得不是很好，还有部分同学对于知识点的掌握不是很透彻，需要下节课对本节课重难点再次进行巩固练习，达到全班都掌握的程度。本节课内容是学习小数除法的基础，需要做好知识储备，如无法掌握，将对后续学习带来消极影响。

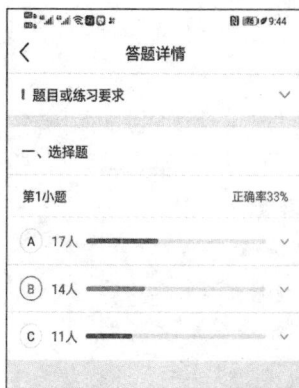

图2-1-17　第1题完成情况

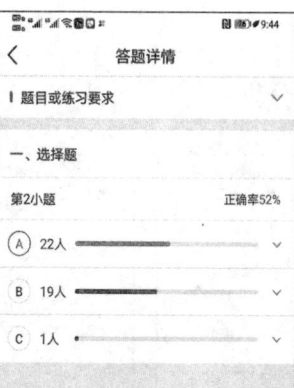

图2-1-18　第2题完成情况

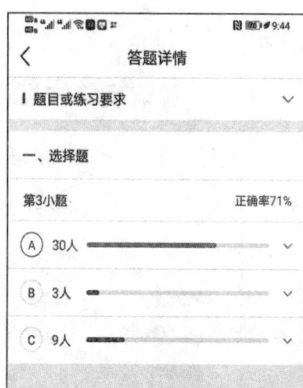

图2-1-19　第3题完成情况

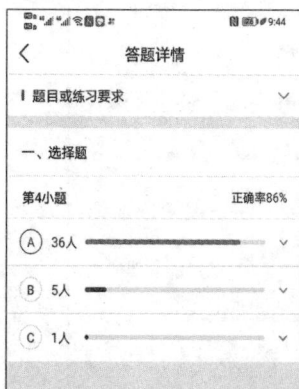

图2-1-20　第4题完成情况

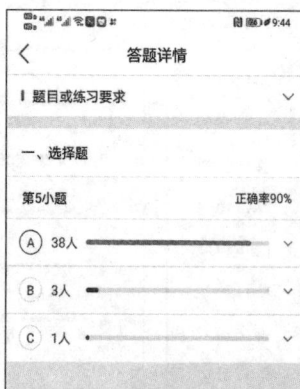

图2-1-21　第5题完成情况

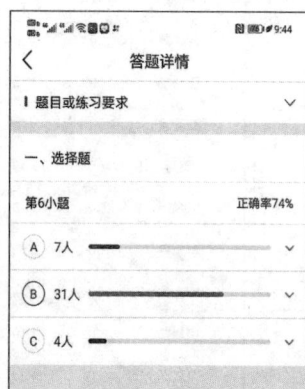

图2-1-22　第6题完成情况

以上6幅图分别是每道题的答题情况与提交人数，可以发现全班43人，42人提交作业。第1小题和第2小题的题型相同，正确率在3种题型中最低。第1小题的正确率只有33%，第2小题的正确率是52%，两道题目都是考察小数除以整数的商是几位小数。第1小题的题目为：23.32÷4的商是几位小数。第2小题的题目为：110.4÷23的商是几位小数。总结错误原因可能有：①学生没有认真计算，只是粗略猜测，随便选择的答案。②部分学生不会数小数的位数。③不认真阅读题目，误认为是几个数字就是几位数。出现这样的错误，与教师课前对于学生的认知判断有所偏差，教师高估了学生的认知水平。针对这样的题型教师会在下节课中及时巩固练习，强化训练，帮助学生对于此类题型达到掌握的程度。

第4、5、6小题考察的是小数除以整数的计算，从中发现学生对于第4、5小题的完成情况相对较好，只有几个学生出现错误，教师会针对这几个同学及时在课后开展针对性辅导，做到及时查漏补缺。但是第6小题出现错误的人数相对第4小题和第5小题错误人数偏多，教师认为有些不合理——因为题型相同，理应结果相近。数据说明部分学生没有认真计算，导致错误。通过这3道题发现学生对于除数是整数的小数除法算理已基本掌握，但在计算方面可能由于粗心，没有认真试商，导致错误，这种错误是可以在后面的学习中避免的。在后续教学中教师会不断地训练学生认真计算，认真审题的习惯。这几道题的数据反馈与教师课前的预判有一点点差异，说明学生在使用平板电脑完成题目中的态度不是很好。

第3小题考查学生计算的商的最高位是在哪一位，此题的正确率是71%，全班近四分之一的同学出现错误，错误的原因可能有：①小数点的位置点的不对。②学生不认真计算，商的位置不对。③态度不好，不认真对待。

（五）教学调整（教与学的建议）

通过数据分析反馈发现学生对于除数是整数的小数除法的掌握情况不是很好，针对本节课学生出现的问题，教师要及时调整教学策略，在之后的课程中不能马上继续讲新课，而是需要一节复习巩固的练习课，以此对本节课出现的问题进行针对性地练习，要让每一个学生都明白除数是整数的小数除法的算理，并且能够正确算出每道题的结果，不能让一个同学落下。

三、教学效果与反思

（一）教学效果

通过基于数据的学情分析，教师及时发现了学生对于除数是整数的小数除法的掌握情况并不理想，学生对运算原理理解得不是很好，特别是对"商是几位小数"的掌握最差，是最要下功夫攻克的一个难点，在计算方面学生掌握的也不是很好，需要再加强练习。

通过数据收集发现学生对于"商是几位小数"这部分内容掌握得不是很好，我就利用后面的课时对于这部分内容再次加强此类型题的练习，通过反复练习发现全班对于这部分内容的掌握程度明显比之前好很多，说明这个难点已经攻克，学生的计算也比之前有了较大的提高，说明有针对性地练习还是有了明显的效果。

（二）教学反思

基于以上的学情分析，教师认为本节课学生整体掌握情况并不理想，在后续教学中应该注意以下这几点：

（1）重视算理教学。本节课不仅仅要重视结果的计算，更重要的是算法的分析过程与算理的归纳。

（2）注重学生的自主研究。只有学生自己明白其中的道理了，才算是真正理解了算理，要多引导学生通过自主探索、合作交流等方法来解决自己存在的问题，同伴之间的互助可能比老师的多讲更有效。

第二章

教 学 设 计

B1跨学科学习活动设计

《Unit4 Fruit》B1能力点认证案例

一、基本信息

教学主题	Unit4 Fruit	所属学科	英语 美术 综合实践
教学对象	三年级	任课教师	郑存英
应用模式	多技术融合	√智慧教育	
所属维度	学情分析	√教学设计	学法指导　学业评价　融合创新

二、学习活动方案

（一）学习主题

学习水果的单词和句子，水果颜色比较鲜艳，可以让学生先画，再学，设计水果的图片，加深对水果的认知，还可以通过数量来让孩子了解单复数的单词，通过画画，可以更直观地了解名词的单复数。"跨学科学习"的基本理念是为理解而学、为生活而学、为学科而学。本次跨学科活动选题上，运用英语和美术融合，可以更加形象和直观地让学生学英语。

（二）学习目标

学生将通过学习和绘画水果的单词，更加直观地掌握中英文。能力目标，通过美术课的学习，会用简笔画，绘画简单的水果单词。

（1）正确、流利、有感情地朗读，单词，会写会画。

（2）理解字词意思及句子的意思。

（3）体会一分耕耘，一分收获。

（三）学习资源

（1）学习活动指导资料：让学生自己上网查询画水果的简笔画或书上的画；学生可以小组合作画一幅水果的图片。

（2）学生学习记录文档，学生自己通过一起作业网，上网自己学习水果的单词，可以自己或小组合作完成绘画作业。

（四）技术工具及应用策略

使用一起作业APP学习英语单词的跟读及巩固；也可以用平板电子书进行反复跟读。跨学科教学是指在遇到单一学科难以解决的问题时，需要整合两门或两门以上学科的知识或技术来解决，进而生发出新知识。它并非两门或多门学科的见解以某种方式放在一起，而是两门或多门学科的知识及思维方式进行整合。就好比"水果拼盘"与"混合果汁"。

跨学科具有三大特征：一是学科间的"跨"，"跨"的焦点是每门学科考虑需要处理的问题，学科本身不是关注的焦点，只是达到目的的手段；二是根据学科见解的"整"，从不同学科的知识与思维方式角度进行整合；三是整合结果的"融"，学科整合形成了新的认知，就如同混合果汁是某种新东西。所以说，跨学科教学并不是简单的学科知识堆砌组合的教学，其关键是要在不同学科知识之间寻找联结点，建立其有意义的联系，并将这种联系作用于更广阔的学习领域，将传统教学的单线编制成知识网络，从而提高学生的多种能力。

基于以上认识，我觉得在实施跨学科教学时有三大策略。

第一，有目的的"跨"。要让学生在跨学科教学中，学会比较不同学科的理论观点，学会使用对比方法阐明问题，促进学生学习的综合化，使学生的知识结构和知识体系成为一个紧密联系的整体，形成整体知识观和生活观，以全面的观点认识世界和解决问题，最终实现"每一种智力从多门学科教学中得到培养，每一门学科教学培养学生的多种智力"的教学目标。

第二，思维的整合。我们在进行跨学科教学时，不仅仅是让学生进行学科知识的勾连或堆叠，更重要的是让学生能发挥不同学科思维来思考问题，在多学科思维的整合中，深化对问题的全局理解，形成明确的、整合的思考方法与思维模式。

第三，认知的融合。在跨学科整合的基础上，必须要产生全新之物，摆脱并超越任何学科限制，实现认知进步或知识增加。

当然，在真正有效推进跨学科教学时，还应关注三条路径：第一，教师观念更新、关系协调是提升跨学科能力的首要工作；第二，纳入学校课程体系是跨学科教学顺利落实的基本保障；第三，学生从知识理解到问题探究的转变是跨学科教学的重要学习方式。

（五）活动流程

说明：跨学科学习活动主要包括三个阶段：

（1）启动阶段：让学生带水果来学校，学习水果单词，运用综合实践课内容制作水果拼盘，并运用美术课知识绘画简单的水果。

（2）实施阶段：首先先在小组合作认读关于水果的单词；读完单词后，分小组设计水果拼盘，进行比赛；接着可以画出本节课学习的单词，看哪个小组的绘画作品最棒，课堂上没有完成绘画作品可以回家完成，下一节课进行评比，达到学习目标。

（3）展示阶段：学生展示学习成果，开展学习评价。

学习活动时长：共需2课时，每课时15分钟。

1. 启动阶段（第1课时）：创设情境，提出问题

第一课时，假设他们开水果店，部分学生做店员，部分学生做顾客，简单操练简单的英语句型和运用水果单词进行对话；What are these? They're s/es. 顾客问：What are these? 老板说：They're....小组合作。

2. 实施阶段（第2课时）：任务分解，逐一击破

任务：回家提前画好水果的图片，可以画一张，也可以多画几张水果单词，上课进行操练、比赛、玩藏卡片游戏等；最后进行评比。

3. 展示阶段（第2课时）：成果展示，学习评价

学生通过上一节课的学习巩固，已经熟练掌握了水果的单词和句子；本节课让学生自己带的水果进行水果拼盘设计，最后进行评比。

4. 学生成果及教师点评

在课堂上，布置学生做水果拼盘，学生通过自己的想象力，完成了很好的作品，活动是分小组进行评比的，学生提前在网上查阅了，课堂上，学生们很积极地参与活动，表现很棒。

三、教师反思

跨学科渗透教学是当前教学改革中的一种新型教学模式，有利于培养学生的综合素质，促进应试教育向素质教育的转变。本课是英语、综合实践与美术学跨学科渗透教学是其进行教学改革的重要尝试，符合美术语言教学的特点，也符合学生与社会的需求，在教材内容，教学模式，教师素养等方面具有现实可行性，但同时也有一些难点需要相应的解决措施。在和综合实践课融合中，学生比较喜欢制作水果拼盘的过程。以后可以多往这个方面渗透。

《蚕变了新模样》B1能力点认证案例

一、基本信息

教学主题	蚕变了新模样	所属学科	科学、美术
教学对象	三年级	任课教师	何家伟
应用模式	多技术融合	√智慧教育	
所属维度	学情分析	√教学设计　学法指导　学业评价　融合创新	

二、学习活动方案

（一）学习主题

所谓"跨学科学习"是基于跨学科意识，运用两种或两种以上的学科观念以及跨学科观念，解决真实问题的学习取向与学习活动。它既是一种以跨学科意识为核心的课程观，又是一种融综合性与探究性为一体的深度学习方式，还是一种以综合主题为基本呈现方式的特殊课程形态。"跨学科学习"以培养具有跨学科意识的自由人格为宗旨。

跨学科学习的本质是突破学科边界去思考跨学科意识，同时也是一种深度学习的方式，可以渗透和应用于所有课程。

因此在本课中，教学目标是让学生了解到蚕蛹的外部形态及其特点。外部形态也就是我们的所见，学生这段时间观察蚕的生长，都是通过照片视频等方式记录为主，本节课的目的也是为了让学生认识蚕蛹的特点，因此本课通过与美术学科的结合，能够让学生观察到最直观的形态描绘出来，加深学生对蚕蛹的认识。

（二）学习目标

1. 科学概念目标

蚕蛹是由蚕的幼虫发育而来的，是蚕生长发育过程中的一个重要阶段。

蚕蛹身体分为头、胸、腹三部分，身体外部特征与幼虫区别很大。

蚕茧具有保护蚕蛹的作用。

2. 科学探究目标

能基于课前观察，概括蚕吐丝结茧的过程，并与同学交流。

能够根据观察获得的信息，推测蚕茧中有蛹，及蚕蛹身体可能发生的变化。

会用比较的方法研究蚕蛹与幼虫的相同与不同，建立两者之间的关系。

能用画图的方法记录蚕蛹的外部形态特征。

3. 科学态度目标

能坚持长期观察，及时记录蚕吐丝结茧的过程。

对蚕的生长变化保持浓厚的探究兴趣。

真实记录并描述自己观察到的现象。

在与同学交流过程中能接纳他人的观点，完善自己的探究。

（三）学习资源

学习活动指导资料：学生自主完成微课的学习，对蚕蛹的身体结构有初步的认识。

（四）技术工具及应用策略

（1）畅言平板电脑。

（2）微课《蚕结茧视频》。

（3）PPT课件。

本节课在畅言智慧教室开展云互动智慧课堂教学，畅言平板电脑学习。

课前使用畅言晓学APP布置任务，观察记录蚕结茧的过程，观察蚕吐丝结茧。课中使用平板电脑对学习效果检测，根据学生答题情况，针对性讲解。课后利用畅言晓学APP布置任务，跟踪蚕蛹的观察情况。

（五）活动流程

学习活动时长：共需3课时，每课时20分钟。

1. 启动阶段（第1课时）：创设情境，提出问题

给定任务，让学生观察蚕的生长，养的蚕宝宝结茧了，回顾蚕结茧的过程，提出问题：蚕现在是什么样子的？蚕在蚕茧里是否发生变化？观察蚕茧里蚕的情况。

2. 实施阶段（第2课时）：任务分解，逐一击破

观察蚕吐丝结茧过程，回顾蚕结茧前的身体变化，蚕在吐丝前，身体缩短，发黄而透明。蚕吐丝时蚕体头胸昂起，口吐丝缕，头部来回摆动。其实蚕结茧是为蛹创造一个安全的"家"。蛹的身体结构是怎样的呢？通过画图展示出来。

3. 展示阶段（第3课时）：成果展示，学习评价

通过畅言晓学上传作品，根据评价量化表，给予评价。

4. 学生成果及点评

学生成果1:

图2-2-1　学生成果1

教师点评:通过图画的形式,把蚕蛹的特点展现出来,画得很细致,色彩能够贴合实际情况。很好地呈现出所观察到的蚕蛹。

学生成果2:

图2-2-2　学生成果2

教师点评:

色彩紧贴实际,能够描画出比较细致的地方,蚕蛹的复眼等细致的地方都能够描绘出来,通过画图的形式,你一定能够很好地认识到蚕蛹的外部特征。

三、教师反思

跨学科学习是以学科有关的问题作为研究对象,运用多学科的理论和方法，通过跨学科学习，结合美术课程学习《蚕变了新模样》这一课，既能让学生通过美术展现对科学上知识的学习，使学生对蚕蛹的结构认识更加深刻，加深印象。在开展跨学科学习中，美术的评价更多是个人主观看法，因此在以后的跨学科学习教学中，丰富评价的方式。

B2创造真实学习情境

《Unit 5 School Lunch》B2能力点认证案例

一、基本信息

教学主题	Unit 5 School Lunch	所属学科	英语
教学对象	五年级	任课教师	曾健怡
所属环境	多技术融合　√智慧教育		
能力维度	学情分析　√教学设计　学法指导　学业评价　融合创新		

二、创造真实学习情境的介绍

（一）总体介绍

为提升英语课堂的教学效果，让学生能够将所学知识运用到实际的生活情境中，达到学以致用的效果，结合本课的学习内容，选择以角色扮演的方式为学生创造真实情境。

从学情上分析，五年级的学生有一定的英语知识基础和生活体验，能够较好地理解本课的学习内容；学生的年龄段决定了他们大多思维活跃，有一定的自主学习能力和生活体验，能够在学习情境中应用所学知识并进行适度延伸。

从学习内容上分析，本课的主题是学校午餐，课文内容与我校学生的校园生活紧密联系，角色扮演能让学生将日常生活的实际融入课堂，使课堂教学更加生动，提高学生的学习积极性和学习效率。

角色扮演主要以一定的主题或情境作为背景，创造角色和对话，学生能够将生活体验融入到对话当中，结合所学的单词，句型进行交流。同时，学生也可以根据需要加入一定的道具、动作、手势等，增加对话的真实性。其主要特点是鼓励学生将所学知识运用到实际生活，让学生在真实情境中学习和掌握知识，拓展知识，使学习效果体现在生活的方方面面。

（二）适用主题和情境

在讲授完本课的重点单词（meat vegetable tofu fruit）以及重点句型（Do we have any...？Yes，we do. / No，we don't.）之后，展示我班学生在校午托午餐，以及餐后水果的照片，将学生带回真实的生活情境中。

（1）挑选其中的3张午餐照片，让学生根据照片进行问答。教师先给出对话模板，以麻婆豆腐一图为例，与学生进行问答。

What do we have？　　　We have some tofu.

What do we have？　　　We have some meat.

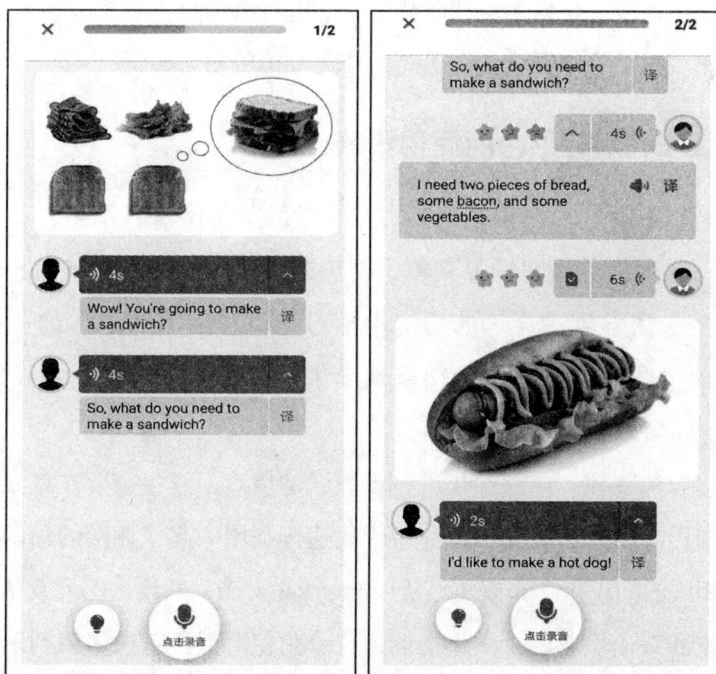

图2-2-3　口语对话练习图片

（2）学生以小组为单位，根据图片进行对话展示。

（3）课后完成相同主题的绘本阅读及口语对话作业。

（三）真实学习情境方案设计主题

围绕饮食主题，向学生讲授相关的单词，句型，并延伸不同地区的饮食文化，让学生能够对生活类知识有更全面、更直观的了解。

（四）面向对象

五年级学生。

（五）目标

（1）学生能够流利朗读本课的新单词和新句型。

（2）学生能够熟练掌握本课的单词和句型，并将其运用在实际生活中。

（3）学生能够通过课外作业以及知识拓展，了解不同地区的不同饮食文化。

（六）任务

（1）通过单词跟读，对话练习等方式学习和掌握本课的重点单词和重点句型。

（2）小组合作，根据情境和图片进行小组对话和角色扮演。

（3）课后完成绘本阅读和口语对话作业，拓展相关知识。

三、工具/软件/平台的使用策略

（1）利用图画，视频烘托情感。在小学的英语课堂教学中，如果只有单调的语言，学生很难提起学习兴趣，要想调动学生的学习积极性，必须为学生创设情境，让学生在合理的情境中学习知识和运用知识。结合本课的课文主题，展示图片能够在课堂中重现学生在校午餐的情境，激发学生的学习兴趣。

（2）多媒体手段，丰富情境。创设教学情境后，学生需要在教学情境中运用和拓展知识。因此，在课后作业中，我选择利用一起作业网的绘本资源，向学生拓展相关的知识点，布置了"What do you need"的绘本阅读及口语对话作业。在绘本和口语作业中，学生能够进行分角色对话，也能了解到不同国家的不同饮食文化，扩宽学生的知识面。

（3）生活再现，真实情景。请在校参加午托午餐的同学进行对话分享，让同学们在模拟情境中进行语言交流和对话，帮助学生在课堂中更好地掌握书本知识并达到学习目标。更重要的，是让学生们切实地体会到书本知识运用到实际生活中的乐趣，让学生产生学习英语的动力。

（一）过程

（1）新课导入。展示学生在校午托午餐时的照片，引出本课主题"School Lunch"。

（2）展示与分享。展示单词卡片，学生跟读和学习新单词。教师提出问句"What do we need? "，引导学生用新单词回答句子。

（3）合作交流。学生通过小组合作，结合情境进行问答。形式多样，可以扮演的形式进行表演，鼓励学生结合生活实际进行对话拓展。

（4）随堂检测。学生利用平板完成随堂练习，教师利用教师端掌握实时的完成情况，并根据学生的完成情况进行针对性讲解。

（5）精准提升。介绍不同地区的不同饮食习惯，拓宽学生的知识面。

（6）课堂总结。

（二）评价

通过这节课的学习，学生在掌握了新单词，新句型的基础上，通过情境化对话的练习，进一步加深了对本课内容的理解，并能够在实际语言环境中进行交际和运用。运用多媒体课件的形式为学生呈现了多种学生喜欢的食物的图片，围绕图片进行"What do we need? "的句型问答，学生接受起来既有趣又轻松。

在情感方面，学生在各种问答中，潜移默化，自然而然对校园生活，对日常饮食有了更多的了解。

《 Unit1 Hello 》B2能力点认证案例

一、基本信息

教学主题	Unit1 Hello	所属学科	英语
教学对象	三年级	任课教师	郑存英
所属环境	多技术融合 √智慧教育		
能力维度	学情分析 √教学设计	学法指导 学业评价	融合创新

二、创造真实学习情境的介绍

（一）总体介绍

使用一起作业网软件，平台可以布置角色扮演和动画配音，学生可以从里面体验到学习的乐趣，还可以用数据得到反馈。一起作业平台的功能和特点：①专注小学英语学科，为老师、学生和家长三方提供在线互动教学服务；②联合美国加州大学伯克利分校语音实验室，应用世界领先的智能语音纠正技术——发音即时打分技术，并拥有该技术世界范围内的全部知识产权；③整合并利用语音心理学、儿童心理学等先进理念与技术，配合对话机器人等趣味性设计，全面提升学生的学习体验和学习效率；④紧扣国家教育部颁布的英语新课程标准，研究开发了国内第一套完整的、系统的符合英语新课标理念的教学资源。

（二）适用主题和情境

通过一起作业网，学生可以通过平台进行配音，体验真实的学习情境，而且还有很多不同年龄段的学习情境供同学参考。也有不同主题的情境供老师选择。不仅可以直观地看到学习成果，学生也可以看见他人的学习成果，可以相互成长。

图2-2-4　配音平台1

（三）真实学习情境方案设计

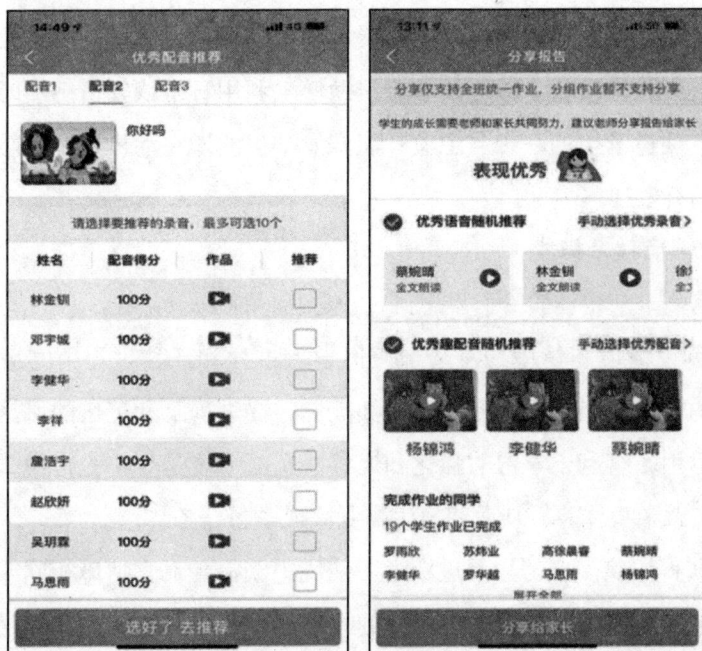

图2-2-5　配音平台2

1. 主题

《Unit1 Hello你好吗？》

2. 面向对象

三年级学生

3. 目标

（1）知识与技能：就是学生该节课应该掌握如果进行配音去完成配音作业。

（2）过程与方法：老师通过网络和APP布置配音作业，学生可以反复练习、跟读，自己觉得满意了，才上传。

（3）情感态度与价值观：通过布置趣配音作业，掌握如何进行问候运用到实际的情境中去。

4. 任务

通过课堂上的学习，在一起作业平台布置英语趣配音作业

三、工具/软件/平台的使用策略

情境教学是指在教学过程中为了达到既定的教学目的，从教学需要出发，运用技术手段创设或还原教学内容所展示的真实情境，以增强教学效果提高教学效率的一种教学策略。情境教学能帮助学生利用日常认知情感唤醒生活中的已有经验，促进学生的联想与想象；能开发学生的潜在动机资源；能促进学生所学知识的有效迁移。

（一）情境教学模式

创设情境→获得体验→引发思考（→分析→探究→应用）

（1）创设情境。情境是渗透于任何学习过程和迁移过程中的潜在影响因素。适宜的情境可以克服学习内容的抽象性，促进理解和记忆的保持诱导发散性思维的运用，有利于学习的强化和迁移真实的情境是一个先行组织者，它让学生放手实践亲身体验，从而使学生顺利完成学习任务。

（2）获得体验。应努力促进在学习情境中获得与真实情境相同或相似的情感体验，包括愉悦的、成功的、幸福的心理体验，爱与被爱的体验，兴趣与动机的获得等体验。

（3）引发思考。在情感体验的基础上感知教学内容，理解教学内容或通过实验得出结论，或通过角色扮演发现新问题，或通过思维的转换将经历过的模糊、疑难、矛盾和紊乱的思维情境整理为清晰、连贯、确定与和谐的思维情境。

一起作业APP英语趣配音是国内首款英语离线配音APP。它精心收集全球最经典最新潮的影视、动漫、歌曲MV并推出独家专业制作的考试真题视频。打造全球最全的视频类英语口语学习系统，我们可以把电影片段歌曲的配音，称为英语趣配音，英语的学习是一个从听到写再到说的过程。英语趣配音就解决了这个问题，大家可以根据自己喜欢的内容，比如可以选择电影、连续剧、纪录片甚至歌曲来练习口语和听力。

（二）过程

从新授How are you？让学生在家利用手机体验真实的情境，从而体验学习的快乐。依据教学的主观条件，特别是学生在实际对所选用的教学顺序，教学活动程序，教学组织形式，教学方法等的总体考虑。恰当地指导和指引教师在熟悉学生的英语学习情况后，针对不同的学生采取不同的引导进行分层指导。再说这一技巧的指导方面要注意语音语调方面模仿到位，让学生在全班面前展示获得老师和同学的认可。对于基础差的学生要降低要求多加表扬。其实学语言并不难，关键是要从小抓起，给孩子一个良好的语言环境，能提高孩子在各种模拟场景中英语口语表达能力，为以后的升学积累资本。

（三）评价

通过一起作业的APP，学生可以轻松体验到学以致用和成就感，是有效的学习方法。教师及学生马上给出点评是给去配音者最有效的教育，让学生体验到成功的快乐，同时自尊心和自信心得到很好的保护。这样，导致学生对英语学习兴趣大增，在采用去配音教学前亲心听说测试并记录成绩，经过一个学期和寒假后再次进行测验，最后对两个班级的前后测试成绩进行分析，我发现学生的英语听说测试成绩有了明显提升，高分段学生人数增多，英语去配音，让学生主动参与活动在想。在享受中，提高了听力和口语去配音是一种愉快，学习也是一种愉快教学通过这种教学方式，不仅提高了学生的学习兴趣，还有效地提高了学生的听说水平，为英语教学提供了一条生动有趣的学习途径。

第三章

学法指导

B3创新解决问题的方法

《作文批改》B3能力点认证案例

一、基本信息

教学主题	作文批改	所属学科	语文
教学对象	六年级	任课教师	何三兰
所属环境	多技术融合　√智慧教育		
能力维度	学情分析　　教学设计　√学法指导　学业评价　融合创新		

二、案例描述

（一）发现问题

当前，学生作文教师改，这种传统的作文批改方法，在广大中小学仍被很多语文教师所采用。这种批改方式，让教师始终掌握着作文批改的绝对话语权和主导权，只强调教师的批改、却忽视学生的主体地位，把学生完全放在被动的位置上，造成学生厌写、厌学，教师难教、厌改且效率低下的局面。鉴于此，传统作文批改评价方法需要改革。

教师创造条件、创设机会，给学生施展才华的机会，把作文评价的主动权还给学生，本案例借助畅言晓学APP，实现网络上的"集体批改，分组批改，交换批改"等多元批改评价方式，让学生通过主动参与批改作文实践活动，达到提高作文能力的目的。

但作文如何批改、批改什么、批改的标准等问题，学生并不是很明了。为了解决"批改难、难批改"的问题，本案例中教师向学生推荐了畅言晓学APP的"作文智批"模块。"作文智批"具备强大的作文辅助批改功能，包括：布置作文指导、作文要求、智能批改作文、提出修改意见和评语、输出报告等，大大地解决了学生批改作文难的问题。

（二）解决问题操作过程

第一步：教师发布作文智批任务

（1）点击作文智批，选择教材章节目录，选择习作主题（勾选写作指导、优秀范文），去布置。可根据需要修改练习名称，发送、截止时间，作业是否公开，选择班级发送。

（2）发布以后系统自动生成作业通知单，可通过QQ或微信分享到家长群，便于家长知晓并督促孩子完成。

第二步：学生提交作业

（1）录入作文：点击作答—查看任务要求、查看写作指导，录入作文，输入作文标题，开始录入

（2）语音录入作文：点击话筒朗读作文，系统自动将语音转写为文字（如有错误可进行修改），完成拍照上传纸质作文，提交任务后查看作业报告。

（3）拍照录入作文：点击左上角/右上角相机拍照上传，系统将图片文字进行转写，有错误的可以自由编辑，完成拍照上传纸质作文提交任务，再查看作业报告。

第三步：查看报告

（1）点击作文智批进入报告，查看作业概况（提交情况、评级、提交时间）、作业成果（学生作文、AI智能分析）。

（2）评价与分享：老师可以对学生进行一键奖励与评价，并将背诵作业报告通过QQ、微信、畅言班级分享给家长（优秀名单、积极名单）。

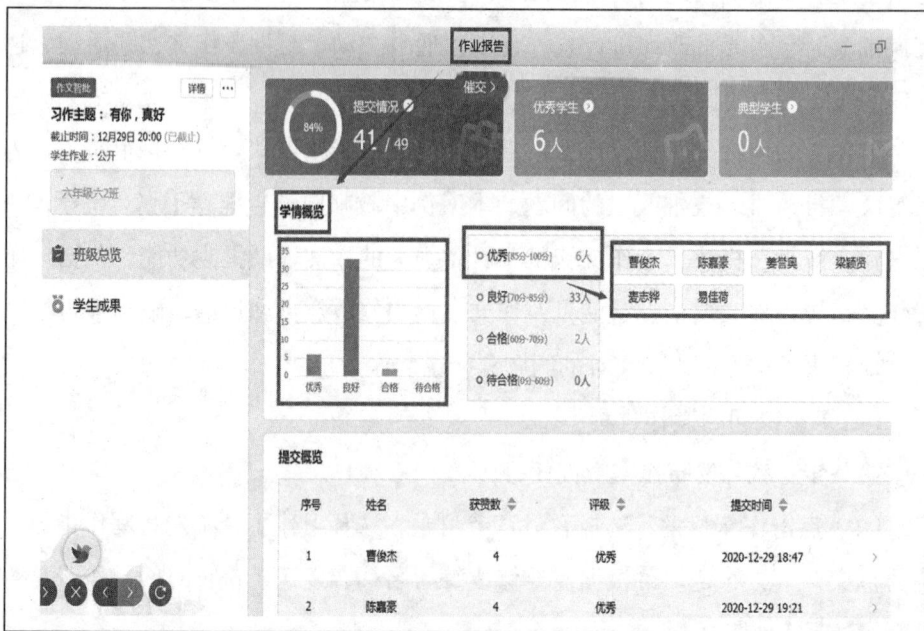

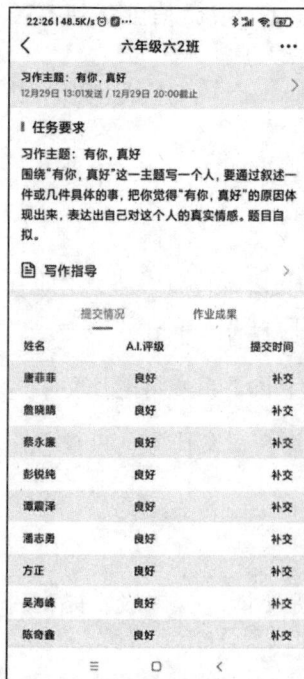

学生提交情况

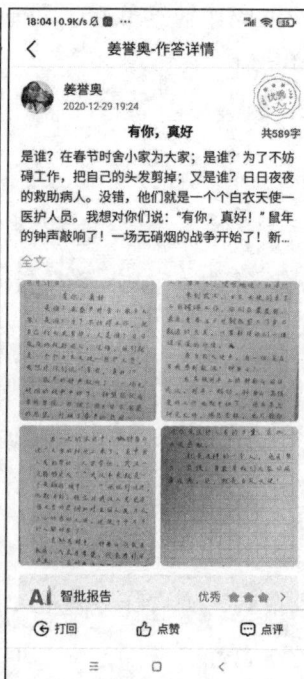

学生作业成果

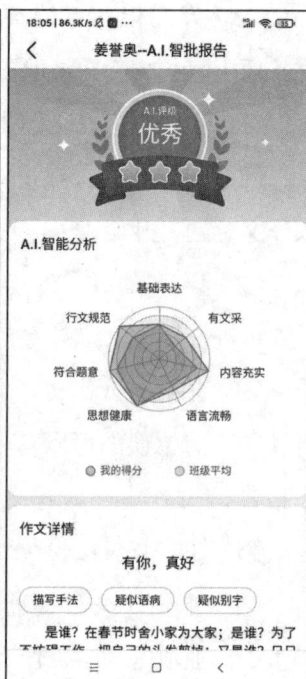

AI智能报告

作业详情　　　　　　　　　　　　　　　　　　　　　　　×

作业要求

习作主题：有你，真好 围绕"有你，真好"这一主题写一个人，要通过叙述一件或几件具体的事，把你觉得"有你，真好"的原因体现出来，表达出自己对这个人的真实情感。题目自拟。

写作指导

01写作指导

1.确定所写人物，精选事例，突出主题 我们要想写好"有你，真好"这篇作文，首先就要在头脑里过一遍"影像"，看看有谁给你留下深刻印象，在他（她）身上发生的哪些事，让你觉得"有你，真好"。给我们留下深刻印象的人有很多，但我们要选取印象最深刻的人去写。因此在确定所写人物后，就要精心筛选事例，比如，选妈妈来写，就可以写妈妈对你学习上的关心的事。我们可以根据自己的构思，看选用哪一个事例进行叙述，突出本次习作的"有你，真好"这个主题。 2.注重场景描写，重现重点画面 通过事例来体现某个人真好，可以再现当时的情景，让读者能够身临其境地感受那个人的好。因此，写作时注意运用场景描写，比如写出场景中人物的活动，还可以加入环境描写来渲染气氛、烘托氛围，进而突出人物形象。在描写过程中你可以使用动词和形容词，对场景进行细致入微的描写。但进行场景描写时要注意，不是把当时场景中的所有内容都写出来，而是要呈现重点，这样画面感才更强，给人留下的印象才更深刻。 3.注意刻画细节，表达真情实感 真实的细节描写能够使塑造的人物形象更加丰满。细节描写不仅有利于刻画人物形象，突出人物的情感和内心，还有利于抒发作者的情感。我们要善于运用细节描写，表达

作业详情　　　　　　　　　　　　　　　　　　　　　　　×

好词

【表示喜悦】笑眯眯、喜洋洋、美滋滋、乐呵呵、笑嘻嘻、笑盈盈、兴致勃勃、欢天喜地、满面春风、眉飞色舞、喜出望外、欣喜若狂 【表示赞美】见多识广、谈吐不凡、一针见血、远见卓识、出类拔萃、大公无私、完美无缺、坚韧不拔、身体力行、一丝不苟、忠贞不渝、舍己为人 【表示正义】一身正气、义正词严、见义勇为、义无反顾、大义灭亲、邪不压正、侠肝义胆、主持正义、秉公执法、公正廉明、舍生取义、仗义执言

好句

【精彩开头】

1.张老师身材高挑，眼睛大而有神，声音如流淌的细泉，平和而具有亲和力。她从我们一年级起就一直给我们上语文课，是我入校以来最熟悉最亲密的老师。
2.这次荣获校"文明小主人"称号的同学居然是冯光泽，钱校长为他发了奖。"哗哗哗——"台下顿时响起一阵雷鸣般的掌声。这个捣蛋鬼的变化可真大啊！
3.妈妈有高高的个子，白白的皮肤，身材苗条。她浓浓的弯眉毛下大大的亮眼睛，总是透出智慧的光芒。这就是我的妈妈，怎么样？长得漂亮吧！

【优美结尾】

1.就这样的一个人，用他的朴实、无私、汗水浇灌着城市，为我们的城市增光添彩，让城市谱出和谐的音符，他不愧被称为"城市美容师"！我赞美您，可敬的环卫工人！
2.表姐的人生道路上铺满了石子，令她难以行走，但她却令自己功成名就，辉煌无比。我今后也应以表姐为榜样，成为一座"风雨中的雕像"！她，就是我最敬佩的人，一个屹立在风雨中的女强人！

作业详情 ✕

02 优秀范文

有你，真好

　　人生路上，总会遇到许许多多帮助你的人，有的只是匆匆过客，有的却陪伴你大半辈子。此刻，我想对那个一直陪在我身边的人说："有你，真好！"这个人就是我的妈妈。她时时刻刻关心着我，呵护着我。我从小身体虚弱，感冒、发烧是常事，膝盖也经常疼，医生说那是生长骨痛，不需用药。我常常在半夜痛醒，然后很难再入睡了。那是很小的时候的事了，记得有一天晚上，我困极了，往被窝里一躺便睡着了。但没过多久就一骨碌爬了起来。为啥？我的老毛病又犯了，膝盖疼得不得了，我小声地痛苦地呻吟着。细心的妈妈听见了我的呻吟声，翻身起来把我抱在怀里，一手抱着我，一手不断轻揉我的膝盖。因为两个膝盖都疼，一只手揉没用，妈妈只得把我平放在床上，自己蹲在床边，用两只手分别揉搓膝盖，还时不时往我的膝盖骨处哈热气，或用暖暖的肚皮来温热它们，以缓解我的疼痛。我的眉头渐渐舒展开来，然后进入了沉沉的梦乡……第二天早上，阳光射到我的脸上，我睁开蒙眬的眼睛，看见床头趴着一个人，是妈妈！我感动得几乎说不出话来，把被子轻轻给妈妈盖上。妈妈啊，您给我揉了一晚上的膝盖……我只觉得一股暖流冲击着自己的心。妈妈是我生活中的依靠，更是我学习上的导师和朋友。"妈妈，我认为可以写一个人的两件事……""可以，但一定要详写其中一件，不能平均使用笔力……"在书桌边，我和妈妈讨论着作文的构思和写作重点。每当这个时候，我们两个就像朋友一样讨论交流，发表自己的意见。面对难题时，妈妈更会耐心地指导我从不同的角度思考问题。当我才思枯竭的时候，她会启发我想出一个又一个优美的词语，挖掘出一个又一个新奇的写作题材，真让我惊喜不断、受益匪浅哪！啊，妈妈，我永远敬您、爱您！成长路上感谢您的陪伴，我想对您说一句发自肺腑的话："妈妈，有你，真好！"

作业详情

03 优秀范文

有你，真好

　　老师，这么多年来，你对我的深切关怀、谆谆教海，令我难忘。我想对你说，老师，谢谢你，有你，真好！老师，谢谢给我关怀，让我快乐成长。还记得刚进入班级时，你用温柔的双眼看着我们，抚平了我们对陌生环境的畏惧。之后，我发现你不仅温柔，还非常关心我们。每到中午，你都会嘱咐我们："今天带的饭吃了吗？一定要按时吃饭哪！"每天放学，你总是不厌其烦地叮嘱我们："家长来了吗？如果自己回家，一定要注意安全。"这些简单而温暖的话语，包含了你对我们的多少关怀呀！老师，有你，真好！老师，谢谢你带我进入知识的殿堂，引领我走向成功。上课时，你旁征博引，为我解答了一个又一个问题，让我收获了知识。你对我们很有耐心，在我们答错了问题的时候，从不批评，而是笑着示意答错的同学坐下再思考。老师，有你，真好！老师，感谢你教会我如何做人，追求高尚人生。还记得有一次我因为贪玩没有做完作业，怕你批评我，就撒谎说自己把作业本忘在了家里。你当时并没有批评我，而是下课后把我叫到了办公室，耐心地又问了我一遍。望着你变得严肃的面孔，我知道你已经看穿了我的谎言，便向你承认了错误。你听后，语重心长地告诉我："犯错误并不可怕，知错能改便是好孩子。但是，如果犯错之后没有承认的勇气，不改正错误，还想着用撒谎来逃避责任，这就很可怕。要记住，诚实和承担的勇气是很重要的。"听了你的话，我流下了羞愧的泪水。从此以后，我再也没有撒过谎。老师，有你，真好！当雄鹰在天际翱翔时，它会对天空说，谢谢你让我振翅九霄；当骏马在原野奔腾时，它会对原野说，谢谢你让我驰骋天下；当我阔步前行时，我会对老师说，谢谢你给了我前进的勇气和力量。老师，有你，真好！

图2-3-1　作业概况

第四步：学生根据作文智批的修改意见进行修改，重新拍照上传至畅言晓学作业端。在网络端口实现集体评价、小组评价、同学互评，师评、同学互评点赞，这样有利于学生更好的实践作文修改。

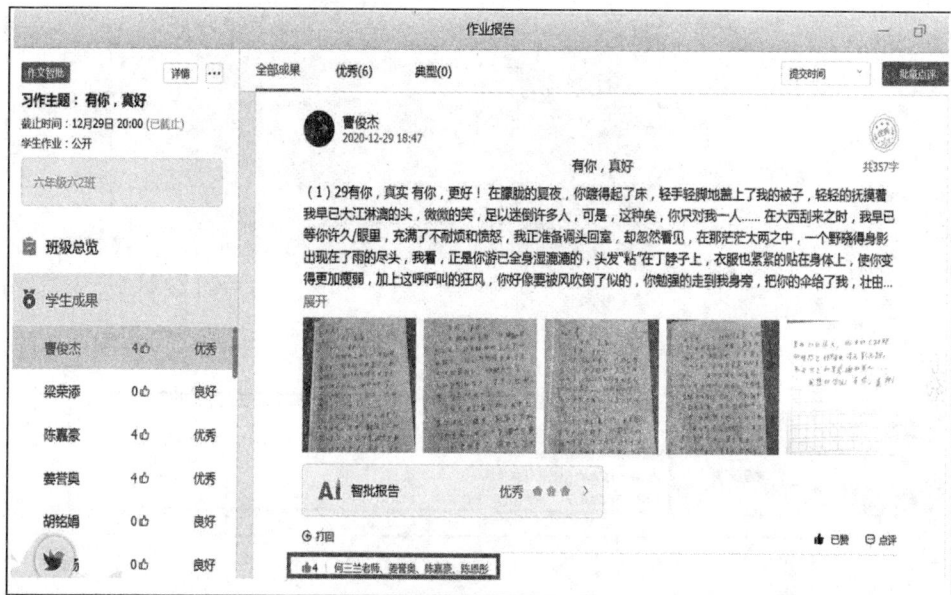

（a）老师点评学生习作的

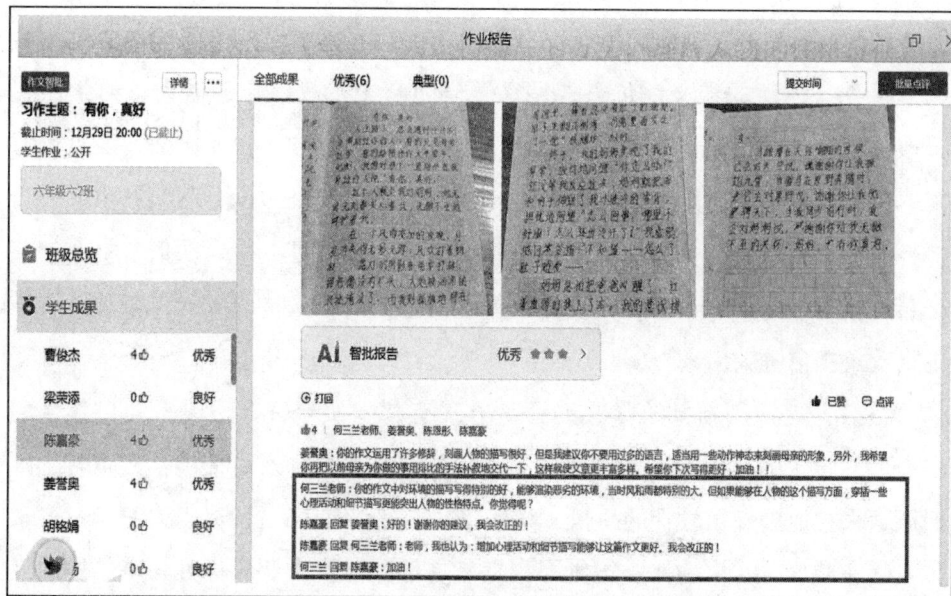

（b）同学互评

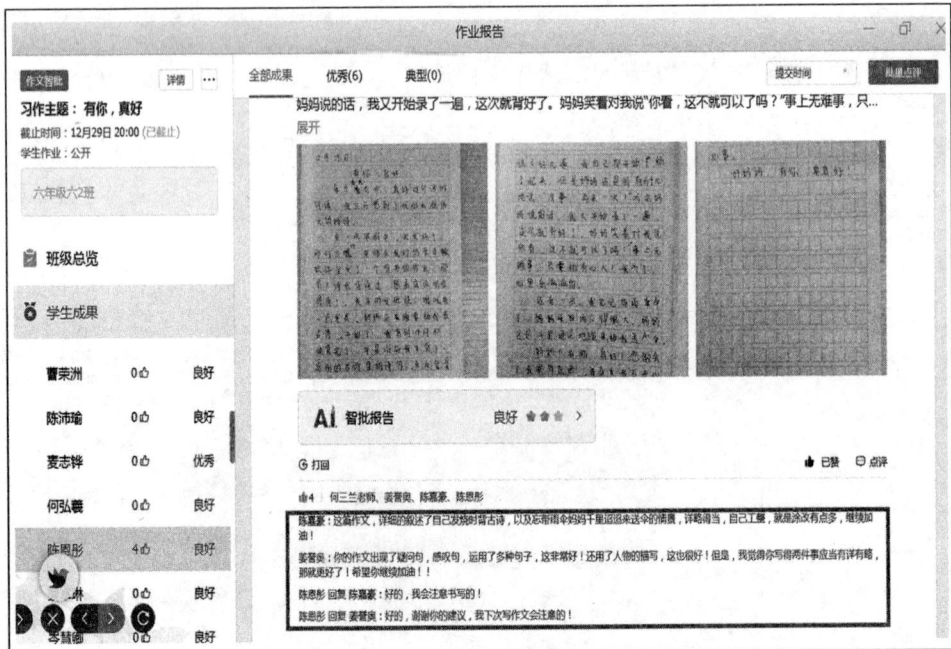

（c）同学之间点赞

图2-3-2　修改评价

（三）解决方法的创新点

首先，创新的作文评价方式调动了学生自主批改习作的能力，给学生在批改作文提供了指南。学生写好了作文，根据畅言晓学APP上作文智能批改意见，自己批改并修改作文。

其次，创新的作文评价方式较传统评价方式效率高，事半功倍。批改作文辛苦艰难已成为广大语文教师的共识。这种创新的作文批改方式将教师从沉重的批改负担中解放出来。

最后，这种创新批改作文的评价方式有利于教学目标达成。使得作文的"教"与学生的"学"的顺利接驳，学生的作文能得到及时评讲，还节省教师时间，大大地提高了教学的质量，学生作文能力也有很大提高。

畅言晓学APP中的作文智批，根据教育部课标作文评分标准，从结构、表达、语言等多维度进行AI智能分析，再通过核心算法给出最终的分数和总评，学生上传作文后，几秒内就可以得到批改结果，并反馈总体评价意见，指出作文的优秀之处以及需要提升的地方，同时，针对作文中的知识点提供进一步拓展知识，旨在为学生批改、修改作文提供范例，让学生知道作文修改的标准，何处修改，怎么修改等。把作文评价的主动权交由学生，让学生对修改作文有的放矢，以此改变学生作文"批改难，难批改"的现状，激发学生写作的兴趣，从而大大提高学生写作水平。

三、教学效果与反思

（一）教学效果

作文批改是作文教学过程中的重要环节之一，是培养学生掌握语言文字表达能力和提升写作水平的必不可少的重要手段。语文教师传统精批细改的作文评价方式，忽视了学生的主体地位。教师借助畅言晓学APP的"作文智批"功能，把作文评价的主动权还给学生，有效调动了学生的学习积极性，培养了学生作文修改能力，提高了学生写作水平。

特别值得一提的是：作文智批具有语音转文字输入功能，非常方便，但同时也会导致作文内容过于口语化情况的发生。

（二）教学反思

在作文智批后有必要随即进行必要的"师评"指点，让学生真正掌握作文写作的思路方法，这样不仅可使教师从沉重的"作文负担"中解放出来，而且革除了传统作文批改中反馈信息不准确、不及时的弊端，增强了批改及指导的准确性、有效性。学生在规范的作文训练中不仅提高了修改能力，也促进了写作能力、听说能力、阅读能力、交流合作能力的普遍提高，收到事半功倍的效果。

B4支持学生创造性学习与表达

《制作个性化日历》B4能力点认证案例

一、基本信息

教学主题	制作个性化日历		所属学科		信息技术
教学对象	五年级		任课教师		廖燕娴
所属环境	多技术融合	√智慧教育			
能力维度	学情分析	教学设计	√学法指导	学业评价	融合创新

二、学生创造性学习情景描述

　　知识经济时代需要作为创造载体的人才，培养创造型人才关键在于教育。学生学习方式由被动接受向主动探究转变，创造性学习是其中较有代表性的一种形式。创造性学习是高层次的学力，是学生进行创造学习的能力。就小学生群体而言，创造性学习要求学生在学习知识的过程中，根据一定的目的和任务，运用已经获得的知识和经验，通过独创性的思维活动，去学习、发现和掌握新知识，分析和解决问题。创造性学习即让学生从做中学，创造性表达即要让学生表达出来。在当前信息时代，教师可以充分利用信息技术拓展学生学习边界，培养学生创造性学习的能力，丰富学生学习结果的表达形式，拓展学生问题解读的思考深度和视野，帮助学生自主探索与理解内化，尝试多种形式的交流表达。教师帮助学生借助恰当的学科工具，创造性地开展学习，创造性地表达自己的学习过程与学习收获，形成创造性学习与表达的常态实践。在《信息技术》类实操活动较多的课程中，学生可以利用电脑进行创造性学习，也可以利用多媒体广播教学系统进行创造性表达，适合对学生信息素养的培养。

三、学生创造性学习与表达案例

（一）面向对象

五年级学生

（二）主题

如何制作个性化日历

（三）支持资源及技术环境

学科工具：多媒体广播教学系统、电脑

（1）信息技术：畅言晓学

（2）技术环境：智慧学习环境

（3）多媒体广播教学系统是信息技术课程中重要的教学工具，包含多种功能：①支持教师进行广播演示；②支持对学生的个别化监督与指导；③可统一发送各种教学资源至学生端；④可实时查看学生的创作过程，及时接收学生的创作作品。除以上功能外，此系统还为学生提供了展示作品与表达交流的平台，学生可通过平台演示自己的作品，分享自己的创作心得。

（四）活动环节设计

（1）课前：利用畅言晓学发布学习任务单，让同学们先预习课本内容，预先观察家里的日历结构，并把遇到的问题记录在学习任务单上。

（2）课中：通过多媒体广播教学系统进行授课，在教学设计中，本节课中共设置了三个任务，由浅入深，运用任务型教学方式鼓励学生利用技术平台在做中学。在美化表格这一任务中，教师录制了微课资源供学生自由学习，满足不同学生的学习需要。在课堂互动环节，学生利用多媒体广播教学系统进行演示操作。在作品展示环节，教师利用多媒体广播教学系统进行现场展示，达到现教现学现做现评的实效性。在教学总结环节，教师利用问卷星平台让学生进行自评与自我总结，教师可在后台看见本节课的反馈情况，便于进行改进。

（3）课后：再次巩固和复习课堂中讲解的问题，亲自去实践并进行个性化日历的制作与美化，拓展完成课程表的制作，并把完成情况通过畅言晓学APP发送给老师。

四、教学反思

指导学生进行创造性学习与表达并非让学生独自毫无目的地去学习探究，而是需要在各种条件支持下尽可能地发挥学生的自主学习能力。首先，教师和学生都必须有一定的硬件条件支持。例如，在上述实践教学中，教师需要具备多媒体广播教学系统，学生每人也需配置一台电脑。这些硬件是支持学生开展创造性学习的基础设备，也为收集学生作品提供了设备支持。其次，教师需准备丰富的教学资源。例如，丰富的课堂素材和微课能够帮助学生在创造性自主学习过程中发现问题、解决问题。最后，教师在教学全程要发挥引导作用，创设合适的情景，支持学生开展创造性学习。由于小学生的语言表达能力还不够好，在进行作品展示与表达交流时，教师需要提供一定的基础模板，供学生结合自身实践经验进行分享。例如，在进行互评和自评时，可以给出一定的评价维度，从作品完成度、色彩搭配、页面视觉效果等方面引导学生点评作品优点及改进意见。

通过此次指导学生进行创造性学习与表达的实践，笔者发现借助学科工具和信息技术可以让学生产生浓厚的学习兴趣，同时也可以帮助学生提升独立自主的学习能力。硬件设备的支持也可帮助学生和教师及时知悉学情，开展多种类型的评价活动，进而帮助学生形成对个人的客观评价，同时通过欣赏他人作品学习优秀案例，完成对个人作品的改进，促进个人进步。如果能长期使用合适的课例开展创造性学习与表达实践，可以让学生看到自己的成长轨迹，增强自信心，增强了学习过程的趣味性和互动性，增强学生的审美能力和语言表达能力，有效提升学习质量，这也是常规课程所不能给予的学习体验。同时通过实践，笔者认为培养学生的创新能力，教师首先要具备创新精神，以及创设宽松、民主、富有创新意识的教学氛围的能力。教师可尝试通过查阅书籍、学习慕课等方式学习相关知识，思考如何把握时机激发学生创新欲望，如何发挥学生独立思考的能力，引导其发现问题，进行创造性的学习。

《"我的中国梦"电脑绘画比赛》B4能力点认证案例

一、基本信息

教学主题	"我的中国梦"电脑绘画比赛	所属学科	美术
教学对象	绘画特长班	任课教师	张敏琳
所属环境	多技术融合　　√智慧教育		
能力维度	学情分析　　　教学设计　　　√学法指导　　　学业评价　　　融合创新		

二、学生创造性学习情景描述

　　"支持学生创造性学习与表达"是教师充分利用信息技术，帮助学生拓展学习边界，丰富学生学习结果，发现学生的优势与特长，激发学生的创造潜能的表达方式。"支持学生创造性学习与表达"实质上是拓展学生问题解决的思考维度和视野，帮助学生基于自主探索与理解内化尝试多种形式的交流表达。在美术学科中，可以借鉴恰当的工具，支持与引导学生创造性地开展学习。例如在进行"欣赏评述"课中，可以利用畅言智慧课堂——作业布置&查看报告，教师可以以文本、图片等方式定义作业内容，能够高效学习。在进行"造型表现"课中，可以利用平板、手机上的"绘画"等APP进行美术作品创作，拓宽绘画作品的表达方式。在本案例中，我校学生积极参与广东省举办的第二十一届中小学电脑制作活动比赛，由于处于新冠疫情期间的客观原因，教师利用腾讯会议对绘画特长生的进行网络授课，利用微信APP进行对学生的一对一单独解疑答惑，学生在课后利用互联网拓展构思思路，积极准备参赛内容。

三、学生创造性学习与表达案例

（一）面向对象

绘画特长班

（二）主题

"我的中国梦"电脑绘画比赛

（三）支持资源及技术环境

学科工具：绘画

信息技术：微信

技术环境：腾讯会议

（四）活动环节设计

本案例实施时间为新冠疫情期间，由于特殊要求，教师与学生在网上进行线上教育。为了参加广东省举办的第二十一届中小学电脑制作活动比赛，教师开展实施了以此为基础的支持学生创造性学习与表达的课程。

1. 前期

（1）教师仔细研读比赛要求，并将比赛要求整理归纳成要求呈现在PPT上，教师在腾讯会议上进行授课，并以询问的方式确定学生的不解之处。课后，学生通过互联网线上、线下查询有关于"我的中国梦"的相关资料，拓展思维，构思绘画主题。在微信群中，学生之间在微信群内畅所欲言交流自己的想法，解读绘画资料，发挥想象力。

（2）教师通过腾讯会议示范如何利用手绘笔在平板上进行绘画，讲解"Procreate"APP的绘画功能、手绘笔的压感等技巧。

2. 中期

学生在进行作品创作时要画草图、画正稿、调整画面三个步骤。教师与学生在三个步骤中通过微信APP紧密联系，针对学生在绘画过程中的个性问题，教师单独对学生进行个性化指导，针对共性问题及难处，教师则在微信群中进行集中辅导和点拨。

3. 后期

教师将学生完成的作品进行详细讲解和点评，表扬和鼓励成果，再次巩固教学成果，并将作品送去参赛。

四、教学反思

在本案例中，最直接的成果是学生作品荣获广东省电脑制作大赛绘画类二等奖，珠海市一等奖、金湾区一等奖的好成绩。教师在疫情期间，充分利用到"腾讯会议""微信"APP进行线上授课与指导。"支持学生创造性学习与表达"对于学生的成长来说，将学习化被动为主动的一个过程，充分利用信息工具，拓展问题解决的思考维度和视野。

在实践中，由于平板绘画对于我校学生来说是一个新生事物，教师在腾讯会议授课中遇到了许多难点，停课后，学生的疑惑众多。教师采取了录制微课的形式，将平板绘画中的每一个知识点进行详细讲解，并发布给学生，达到巩固教学成果的目的。在可以实施正常教学的过程中，教师可对学生仍有不解之处进行解答和示范。

在学生创造性学习与表达方面，仍有不足之处，教师可以多收集有关于美术学科的资料、APP等推送给学生，让学生对学习的态度化被动为主动，摆脱单一的教科书、课件资源，从线下、线上认识更广阔的世界，开拓想象力和思维能力。教师在发散学生的创造力的时候，要注意引导教学的方法。

五、学生创造性学习与表达的作品与反思

通过技术的引入和帮助，学生在参与创造性学习与表达方面，能对作品有更深层次理解，能对作品进行一定的点评和反思，促进了学生美术学科思维与美术素养的提升。

B5基于数据的个别化指导

《认识几时几分》B5能力点认证案例

一、基本信息

教学主题	认识几时几分		所属学科		数学
教学对象	二年级		任课教师		胡宏娟
所属环境	多技术融合	√智慧教育			
能力维度	学情分析	教学设计	√学法指导	学业评价	融合创新

二、情境描述

（一）指导对象

X等十位同学，经过认识时、分的两个课时的学习以后，对知识点的掌握仍有困难，作业完成正确率较低，长期存在学习困难。

（二）指导环境

小盒作业APP是一款专为小学生打造的学习辅助软件，可以在学生平板下载，利用学校网络学生登录账号随时使用。软件具有强大的分析和数据的统计能力。学生可以实时查看作业批改各项数据，提交答案后可以及时查看并订正，教师也可以随时查看学生的各项学习数据。

软件里面有海量作业资源方便教师选取，课程设置与课本知识点同步。《认识几时几分》课时作业呈现方式图文并茂，钟面的展示色彩鲜艳线条清晰，还有语音读题功能，能方便学生解答表述复杂的题目。

本节课的知识点掌握教学目标主要是让学生认识时间单位"分"，知道分针走1小格是1分，能初步认识几时几分，会读写以5分为基础的几时几分，知道1时=60分。

学生经过认识时、分的两个课时学习以后，为了筛选出对知识点掌握仍有困难以及具体困难点，开展了一次基于小盒作业测试的评价活动。

三、活动设计与实施

（一）问题发现（数据呈现）

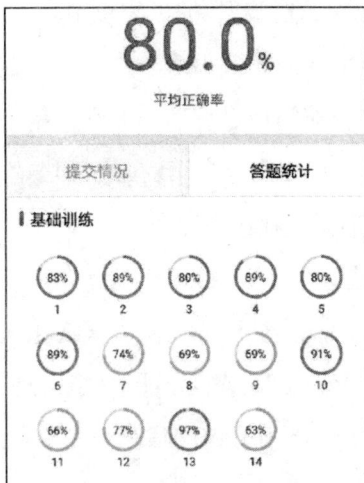

（a）班级整体情况

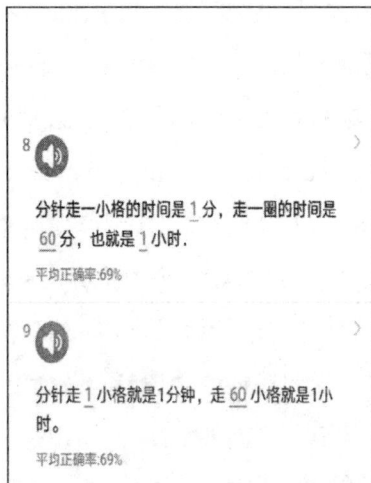

（b）题8、题9完成情况

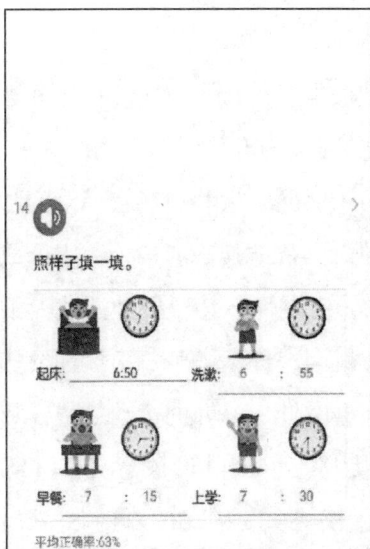

（c）题14完成情况

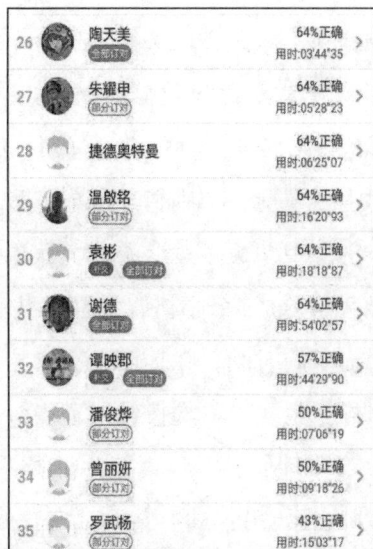

（d）待提高学生完成情况

图2-3-3　问题发现数据呈现

本次作业/测试共布置了14道题，全班正确率80%。其中，第1—6题以及第10、13题正确率都是80%以上。第7、8、9、11、12、14题正确率在80%以下。有10位学生的正确率在70%以下，4位学生在60%以下。

（二）问题分析（数据解读）

在14道练习题里，认识几时几分的题目完成情况较好。第5、6、7题是认识钟面的练习，但是文字叙述与书本表述方式一致，学生完成率也很高。第7、12题由于题面太长，排版时没有在一个界面呈现，导致很多学生没看完题目而出现错误。第11题，由于部分学生对1刻=15分的知识点有遗忘导致出错。除这些题目以外，通过数据发现正确率70%以下的10位同学在第8、9、14题均出现错误。结合学生平时表现，对以上10位同学进行个别化指导。

（三）个别化指导实施（指导实施过程）

测试题的第8、9题均是钟面的认识知识点，只是描述的方式变化比较多，学生出错，说明对钟面认识只会背诵书本上简单呈现的分针走1小格是1分，没有把知识点和一年级时间认识知识点有效结合。第14题虽然也是认识几时几分，但是因为时针比较接近7，学生容易错看成7∶55。

综合考虑以上原因，学生主要还是因为接触、观察钟面的时间比较少导致出现答题错误。家庭常用钟表不适合学习使用，教师在进行个别化指导时，选择了利用畅言课堂中的学生学科资源，帮助学生进行大量实际操作和近距离观察，把形象学习转化成具化学习过程，加强学生对知识灵活运用的水平。

针对上述情况，个别指导分成三步：①引导学生利用畅言课堂的学科教学数学同步资源中"拨一拨"游戏，认识钟面。帮助其认清12个数字分成12个大格，每个大格分成5个小格，钟面一共有60格小格。②玩拨钟游戏，根据游戏设置自动显示的时间，在钟面上拨出相应时间，提示学生每次拨钟要从12整时开始。引导学生在每一次拨钟过程中，体会时针、分针的运动轨迹，数一数，看一看，形象理解分针、时针、小格、大格、一圈的形象意义。③练习拨钟游戏，教师出示：1∶50、3∶45、6∶55、8∶50、10∶50、11∶55等时间，并分别从接近的整时拨起。鼓励学生在拨钟过程中，说一说时针、分针的移动情况。以10∶50为例，引导学生发现时针从10开始出发，分针从12走到10，正好是50分，这时时针已经离10很远，即将接近11。

四、个别化指导效果与反思

（一）个别化指导效果

（1）通过一节课时间的训练，学生都能对钟面认识用不同的语言叙述清晰，能准确拨出时间。对于分比较大的时间，通过拨一拨游戏和老师有意识地引导观察，学生基本都能形象感知时针的变化。个别化指导取得很好的效果。在指导后的测试中学生都能正确完成相应题目。

（2）学生体会：

学生1：特别喜欢玩拨一拨的游戏，我每次都能很快拨出正确的时间。

学生2：通过观察，我发现分针很快转动的时候，时针在慢慢移动，所以当分针走到11时，时针离时的那个数字比较远，离后面一个数字很近。这个是我自己观察后发现的，我再也不会做错第14题那样的题了。

（二）指导反思

低年级学生对生活中数学的认识要建立在生活的基础上，要让学生有大量的学习资源进行反复操作，这样对于一些接受能力差的学生学习起来就会轻松。利用信息化手段，设置生活情境，让学生在创建的真实情境中学习，是提高学生学习质量的一个非常好的办法。

《除数是整数的小数除法》B5能力点认证案例

一、基本信息

教学主题	除数是整数的小数除法		所属学科		数学
教学对象	五年级		任课教师		李晶
所属环境	多技术融合	√智慧教育			
能力维度	学情分析	教学设计	√学法指导	学业评价	融合创新

二、情境描述

（一）指导对象

A、B、C三位同学，班级学困生，其前测作业正确率较低，且长期存在学习困难。

（二）指导环境

本案例在课程开始前三天通过畅言晓学APP布置课前测试，以此获取班级学生学情数据。在软件方面，畅言晓学App为教师提供了完备的测试方式，教师可通过录入、导入等形式完成前测习题的设计与发布，同时平台提供了详细的学情统计，便于教师及时获取学情。在硬件方面，学生均配备有供学习使用的平板电脑，能够及时接收教师布置的前测任务，同时也为个性化教学资源的精准推送提供了保障。

本节课的知识与技能目标是：经历由整数除法的计算迁移到除数是整数的小数除法计算的探究过程，体现数学的转化思想；过程与方法目标是：结合情境以及小数的意义，理解小数除法的算理，会笔算除数是整数的小数除法；情感态度与价值观目标是：能用学到的知识解决生活中的简单问题，培养学生的分析能力和类推能力，同时在探究过程中体验成功的快乐。

三、活动设计与实施

（一）问题发现（数据呈现）

通过畅言晓学APP后台数据分析，我们发现，在教学目标的前期知识储备方面，学生总体掌握情况较好，前测作业准确率达86%，表明大部分学生已具备开展进一步学习的基础。通过前测作业可以反馈出学生对整数除法掌握是可以的，方法基本掌握，但是仍然有几个同学存在方法不会的现象，还要对这几名同学进行再次确认是方法不会，还是不认真对待作业，与平时水平存在偏差，需要课前去了解具体情况。学生的具体答题情况如下图所示。

（a）班级正确率　　　　　　　　（b）每道题正确率

图2-3-4　问题发现数据呈现

（二）问题分析（数据解读）

通过对班级整体收集的数据分析，发现每道题都有几位同学出现错误，说明这几位同学对于整数除法的内容掌握得还不是很好，还需要单独对他们的情况进行详细的了解。

在了解的过程中发现，D、E两位同学的前测成绩与现有教师观察水平明显不符，出现此情况可能与其完成作业环境或时间有关，需在课前进行询问、确认。另外3位同学前测作业正确率较低，每道题都有错误，说明这几位同学在学习上存在一定的困难，并且一直都学习困难，属于班级学困生。因此，教师将

A、B、C三位同学确定为本课程个别指导对象。

前测的三道题目分别是200÷5=（　　），576÷48=（　　），832÷32=（　　）。

A、B、C三位同学在这三道题目中都有错误，说明这三位同学真的是整数除法的方法不会。具体数据如下图。

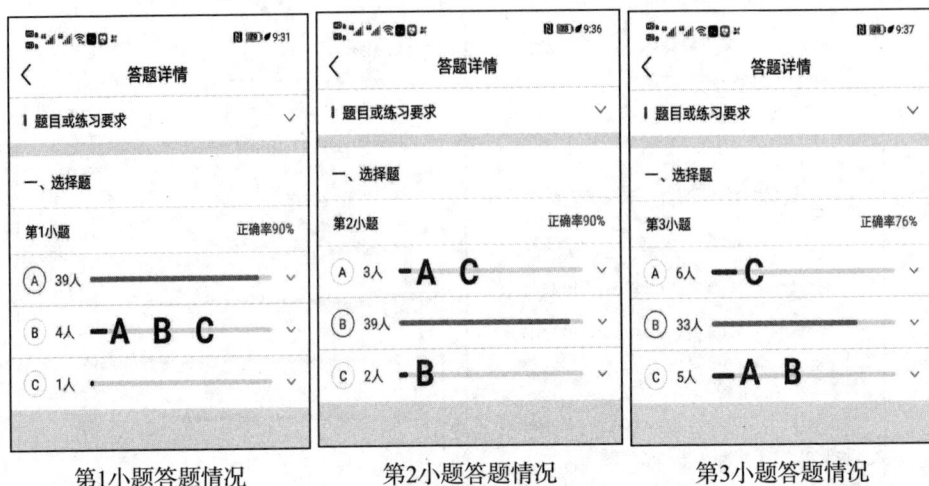

第1小题答题情况　　　　第2小题答题情况　　　　第3小题答题情况

图2-3-5　问题分析数据解读

（三）个别化指导实施（指导实施过程）

针对A、B、C三位同学在课前测试中暴露出的问题，教师将在课程开始前为其进行整数除法的讲解与辅导，以便这三位同学能正常参加新课程学习。在指导方法方面，教师首先结合课前测试通过询问方式确认A、B、C三位同学在学习中存在的不解之处，之后围绕整数除法规则及应用对其进行指导。

通过询问后发现A同学对于整数除法的算理不是很清楚，因为算理不是通过看微课等就可以学会，而要通过反复练习才能理解，所以决定以当面讲解的形式对A同学进行个别化指导，帮助其明白其中的原理。之后再通过练习帮助其学会整数除法的方法。在此过程中，通过与家长沟通后发现家长对此部分的知识点是明白的，因此邀请家长协作完成对该知识点的监督与辅导。即教师在学校教会学生运算方法与算理，再布置其他巩固作业供学生回家后练习，并由家长监督，如果发现问题，可及时讲解或者与教师沟通。

通过交流发现B同学对于整数除法的算理是理解的，但是应用乘法口诀试商方面还存在一点困难，会出现试商不准确的现象，说明学生对于除法中余数要比除数小的知识不够明白，理解不到，因此教师决定专门找课余时间单独对其进行辅导，为其演示几道整数除法题目的运算过程，分析其错误原因，帮助其掌握试商方法。

通过询问发现学生C很聪明，但学习自觉性较差，且由于家长监督不到位，导致学生学习跟不上进度。针对此情况，教师与学生开展沟通，将相关练习通过畅言晓学APP单独推送至C同学，要求其利用课余时间在学校完成，并交由教师检查，通过学生再次练习检验掌握效果。

在新课程开始后，教师将对A、B、C三位同学的学习进度等进行重点关注，并设计难度相当问题完成精准化教学，以此在检测其学习效果的同时，帮助其树立学习信心。

四、个别化指导效果与反思

（一）个别化指导效果

（1）在实施个别化指导后，通过一两天的练习，发现A同学已经基本掌握整数除法的方法，可以和其他学生一样开始新课程的学习。教师、学生和家长均看到个别化指导效果。B学生已能够独立正确完成整数除法的题目，学生感到很开心，个别化指导帮助其树立了学好数学的信心。C学生对于整数除法的题目已能够做对，正确率可以达到100%，达到了巩固指导效果。

（2）学生体会：

学生A：通过老师的单独辅导，我学会了整数除法的计算方法，现在可以自己做对整数除法的相关题目了，我很开心，感谢老师对我的教导，我会继续努力学习，不辜负老师对我的教导。

学生B：现在我对于之前心中的疑问终于在老师的帮助下解决了，真正学会了整数除法的算理，很开心，感谢老师对我的教导，我会继续努力的。

学生C：老师对我来说就像我的父母一样，帮助我学习辅导，让我不在班级的学习中落下，我很开心，感谢老师的良苦用心，谢谢老师！

（二）指导反思

在个别化指导过程中，学生对原有知识点的认知进一步加深，取得良好指导效果。但由于实施个别化指导的时间与新课授课时间间隔较近，一定程度上造成了学生短时课程任务量增加的情况，增加了学生的学业负担，在今后的实施过程中，有必要进一步提早学情诊断与个别化指导时间，减轻学生学习压力。

第四章

学业评价

B6应用或创建数据分析模型

《嘀哩嘀哩》B6能力点认证案例

一、基本信息

教学主题	嘀哩嘀哩		所属学科	音乐
教学对象	三年级		任课教师	黎芷君
所属环境	√多技术融合　　智慧教育			
能力维度	学情分析　　教学设计　　学法指导　　√学业评价　　融合创新			

二、数据分析模型应用

（一）模型介绍

本课例采用的是科伯测试量表，主要用于考察学生的学习风格。科伯的学习风格理论是依据他所提出的经验学习模式发展而来的，经验学习理论认为不同的学习阶段与环境交互作用的方式是不相同的，由此导出了学习风格的分类理论。科伯将学习过程周期抽象划分为四个相互联系的环节，分别是：具体经验、反思观察、抽象理解、主动试验，并据此划分出四种类型的学习风格：聚敛型、发散型、同化型和顺应型。科伯的学习风格理论在众多学者研究中得到广泛的应用，他的学习风格测量问卷也通过这些实践不断地发展和扩充，具有极高的科学性和实践性。科伯的学习风格测量表共包含13道题目及选项。

1.当我学习的时候	
A.我喜欢加入自己的感觉	B.我喜欢观察和聆听
C.我喜欢针对观念进行思考	D.我喜欢
2.我学得最好的时候，是当：	
A.我相信我的直觉与感受时	B.我仔细聆听与观察时
C.我依赖逻辑思考时	D.我努力完成实践时
3.当我学习时	
A.我有强烈的感受及反应	B.我是安静、谨慎的
C.我认真将事情想通	D.我负责所有实做
4.我学习是利用：	
A.感觉	B.观察
C.思考	D.实做
5.当我学习时	
A.我能接受新的经验	B.我会从各个层面表思考问题
C.我喜欢分析事情，并得其分解成更小的问题	D.我喜欢试着动手实做
6.当我学习时	
A.我是个直觉型的人	B.我是个观察型的人
C.我是个逻辑型的人	D.我是个行动型的人
7.我学得最好的时候，是从：	
A.同学间的讨论	B.观察
C.理论	D.实做是练习
8.当我学习时	
A.我觉得整个人都投入学习中	B.我会在行动前都尽量准备妥当
C.我喜欢观念理论	D.我喜欢看到自己实做的成果
9.我学得最好的时候，是：	
A.我依赖自己的感觉时	B.我依赖自己的观察力时
C.我依赖自己的观念时	D.自己认真做一些事情时
10.当我学习时	
A.我是个容易相信的人	B.我是个审读的人
C.我是个理智的人	D.我是个能负责的人
11.当我学习时	
A.我是非常投入的	B.我喜欢观察
C.我评估事物	D.我喜欢积极参与
12.当我学习的时候	
A.我喜欢加入自己的感受	B.我喜欢观察和聆听
C.我喜欢针对想法进行思考	D.我喜欢实际动手做练习
13.我学得最好的时候，是当我：	
A.接受他人看法、开放心胸时	B.非常小心时
C.分析想法时	D.实际动手做时

图2-4-1　科伯测试量表截图

（二）模型应用

科伯的学习风格的四种学习模型是建立在一个四阶段学习周期的基础上的，这四种模型完全不同。这四种学习方式（RO、AC、AE、CE）每两个学习周期进行组合，形成一种新的学习风格。理论型（Assimilating，RO/AC）学习者更喜欢简洁、合乎逻辑的方法，思想和概念对他们来说比跟人交流更重要。经验型（Accommodating，AE/CE）学习者会亲自动手完成任务，并依赖于他们的内部情感表达而不是逻辑，他们喜欢与别人共同合作，设定目标并完成任务。反思型（Diverging，CE/RO）学习者更喜欢观察而不是实践，因此倾向于收集信息并利用他们的想象力来解决问题。应用型（Converging，AC/AE）学习者通过不断探索的方法来解决问题，他们喜欢技术性的任务，不太关心以人为本的活动。

通过科伯测试量表，教师将结果运用到本班学生小组活动的分组上，首先根据认知风格差异组建不同小组，其次，教师根据分组结果，有针对性地为四类学习者布置相关的学习任务。针对理论型学习者，教师给他们布置的任务为"请你将书本上的乐理知识整理出来记在一个音乐知识笔记本中"；针对经验型学习者，布置的任务为"请以小组合作的形式运用奥尔夫乐器为歌曲设计乐器伴奏"；针对反思型学习者，布置的任务为"请观察经验型学者的小组活动并思考如果你是该小组成员，在遇到伴奏节奏型与歌曲不相匹配时你会怎么做？"；针对应用型学习者，教师布置的任务为"如果某同学无法唱准歌曲的音高，你将通过什么方法帮助他找到音高？"

（三）模型应用效果分析

在运用了科伯测试量表分析模型，并按不同学习风格布置不同教学任务后，教师发现学生学习热情较以往更为高涨。对于理论型学习者他们更擅长于笔试，但对于表演来说能力相对缺乏，反之，经验型学习者在表演演唱方面相对较强，但在期末笔试中成绩不大理想。针对国家教育质量检测对于音乐科目学生能力的考察要求，学生不仅要掌握乐理知识还要掌握演唱能力。根据此状况，教师在课程中尝试将这两类型的学生放在同一小组，互相影响互相帮忙，通过一段时间后，教师发现经验型学习者对于乐理知识的掌握更为牢固了，理论型学习者也尝试在小组表演中加入自己的表演。

三、教学总结与反思

（一）教学总结

由于科伯测试量表问题设置相对简单，对于三年级学生而言只需根据自己的想法选出答案即可。而且此测量表问题较少，方便老师对学生情况进行统计、分析，所以教师采用了科伯测试量表分析模型以此对学生认知风格进行分析并对学生进行分组学习。在运用此模型分组后，感觉课堂质量出现明显提高，每一位学生都能在课堂中找到乐趣，找到自己擅长的能力点，从而激发了学生学习音乐的浓厚兴趣。教师了解了学生学习风格的个体差异后，对自己的教学手段和方法稍做修改，从不同角度来讲解课程内容，从而满足了学习者的学习需求。

（二）教学反思

在学习风格理论的研究中，我们科学客观地认识到了学生们的个体学习差异。学习风格各具特点，学习个体都有专属学习风格。因此，如果学生的学习风格和教师的教学风格相对应，那么学习者就会有一个良好的学习效果；反之，则不好，甚至还会影响学生对知识学习的欲望，使学习者失去信心，降低学习效果。教师应该对每个学生一视同仁，因材施教，采取相对应的教学风格，以便促进学生综合能力的发展。学习风格理论与音乐教学相结合，将很大程度改善教学状况。学习风格的可塑性是先天与后天发展的结果，环境的变化和学习手段的改变可以影响学生的学习风格。作为音乐专业教师，要对学习者学习风格的可塑性有全面的认识，研究学习风格理论，掌握学生学习风格的缺点，及时地对学习者进行强化训练，从而对学习者的学习能力有全面提升。学习风格多样化的培养非常重要，教师要格外重视，通过各种学习风格进行互补，提高学生学习的热情，协助学生在高效率的状态下完成学习任务。

《Unit 4 Feeling Excited》B6能力点认证案例

一、基本信息

教学主题	Unit 4 Feeling Excited	所属学科	英语
教学对象	六（1）班	任课教师	莫泳红
所属环境	多技术融合　√智慧教育		
能力维度	学情分析　　教学设计　　学法指导　　√学业评价　　融合创新		

二、数据分析模型应用

（一）模型介绍

本案例的教学主题是六年级下册《Unit 4 Feeling Excited》故事部分，教学对象是六年级1班学生，教学内容是有关感觉的单词sad excited tired scared与问答Why are you scared? Because...由于本课内容涉及表情感觉等，所以教师设计本课的教学活动是学生进行故事表演，通过表演让学生切身感受本课的单词与句子的意思，但是每个学生的性格与学习方式各不相同，并不是每一位学生都喜欢表演，所以教师根据学习风格自测问卷表，对课文故事表演的活动再进行调整。以下是所罗门学习风格自测问卷。

1.为了较好地理解某些事物，我首先 （a）试试看 （b）深思熟虑	23.当要我到一个新的地方去时，我喜欢 （a）要1幅地图 （b）要书面指南
2.我办事喜欢 （a）讲究实际 （b）标新立异	24．我学习时 （a）总是按部就班，我相信只要努力，终有所得 （b）我有时完全糊涂，然后恍然大悟。
3.当我回想以前做过的事，我的脑海中多会25？我办事时喜欢出现 （a）1幅画面 （b）1些话语	25.我办事时喜欢 （a）试试看 （b）想好再做
4.我往往会 （a）明了事物的细节但不明其总体结构 （b）明了事物的总体结构但不明其细节	26.当我阅读趣闻时，我喜欢作者 （a）以开门见山的方式叙述 （b）以新颖有趣的方式叙述
5.在学习某些东西时，我不禁会 （a）谈论它 （b）思考它	27.当我在上课时看到一幅图，我通常会清晰地记 （a）那幅图 （b）教师对那幅图的解说
6.如果我是一名教师，我比较喜欢教 （a）关于事实和实际情况的课程 （b）关于思想和理论方面的课程	28.当我思考一大段信息资料书时，我通常 （a）注意细节而忽视概貌 （b）先了解概貌而后深入细节
7.我比较偏爱的获取新信息的媒体是 （a）图网、图解、图形及图像 （b）书面指导和言语信息	29.我最容易记住 （a）我做过的事 （b）我想过的许多事
8.一旦我了解了 （a）事物的所有部分，我就能把握其整体 （b）事物的整体，我就知道其构成部分	30.当我执行一项任务是，我喜欢 （a）掌握一种方法 （b）想出多种方法
9.在学习小组中遇到难题时，我通常会 （a）挺身而出，畅所欲言 （b）往后退让、倾听意见	31.当有人向我展示资料时,我喜欢 （a）图表 （b）概括其结果的文字
10．我发现比较容易学习的是 （a）事实性内容 （b）概念性内容	32.当我写文章时，我通常 （a）先思考和着手写文章的开头,然后循序渐进 （b）先思考和写作文章的不同部分，然后加以整
11.在阅读1本带有许多插图的书时，我一般会 （a）仔细观察插图	33.当我必须参加小组合作课题时，我要

（a）

活跃型/沉思型			感悟型/直觉型			视觉型/言语型			序列型/综合型		
问题	a	b	问题	a	b	问题	a	b	问题	a	b
1			2			3			4		
5			6			7			8		
9			10			11			12		
13			14			15			16		
17			18			19			20		
21			22			23			24		
25			26			27			28		
29			30			31			32		
33			34			35			36		
37			38			39			40		
41			42			43			44		
总计			总计			总计			总计		
（较大数—较小数）+较大数的字母											

（b）

图2-4-2　所罗门学习风格自测问卷截图

解释：每一种量表的取值可能为11a、9a、7a、5a、3a、a、11b、9b、7b、5b、3b、b中的一种。其中字母代表学习风格的类型不同，数字代表程度的差异。若得到字母"a"，表示属于前者学习风格，且"a"前的系数越大，表明程度越强烈；若得到字母"b"，表示属于后者学习风格，且"b"前的系数越大，同样表明程度越强烈。例如：在活跃型/沉思型量表中得到"9a"，表明测试者属于活跃型的学习风格，且程度很强烈；如果得到"5b"，则表明测试者属于沉思型的学习风格，且程度一般。在视觉型/言语型量表中得到"a"，表明测试者属于视觉型的学习风格，且程度非常弱；如果得到"3b"，则表明测试者属于言语型的学习风格，且程度较弱。根据学习风格自测问卷，六（1）班不同类型学生所占比例如下。

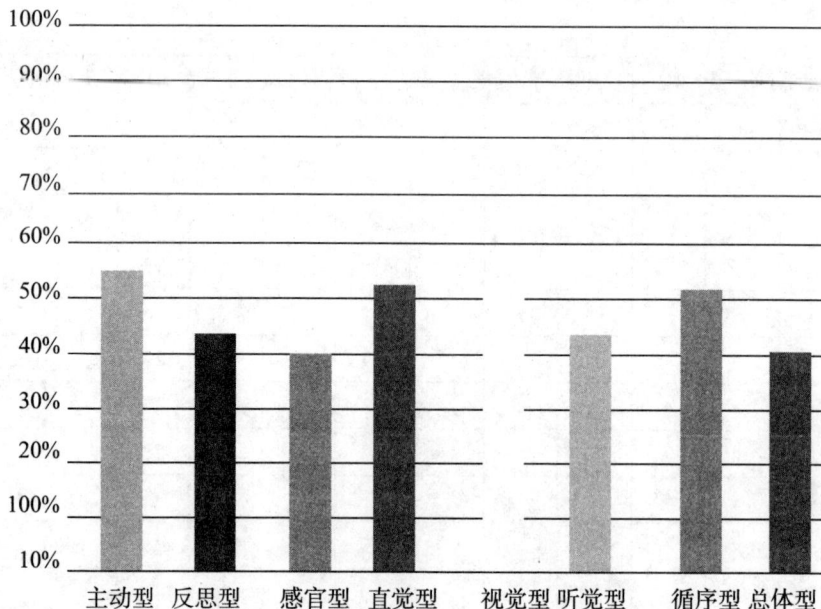

图2-4-3 学习风格柱状图

（二）模型应用

通过以上模型，教师了解了每个学生的学习风格，并结合本节课教学内容，让不同学习风格的学生组成一个表演小组，每个小组中基本上包含有主动型，反思型，感官型，直觉型，视觉型，听觉型，循序型，总体型的学生各1个，这样全班48人，刚好6个小组。教师分配任务以及小组成员，小组成员通过讨论或推荐选择自己的任务或角色，可以4人表演，4人配音，也可以成员进行故事台词改编，增加角色，组内完成教师布置的角色扮演任务。

（三）模型应用效果分析

本课的教学活动是对《Unit 4 Feeling Excited》课本故事进行角色扮演，教师利用数据分析模型对学生进行分组，每小组8位学生，故事有4个角色，当然主动型的学生会主动提出扮演角色，反思型，视觉型等学生可能更愿意选择配音的任务。每位学生在组内确定了自己的任务就开始练习。与教师设想的一致，主动型的学生一般选择的是表演的角色，反思型的学生选择的是不用表演的配音任务，各人根据自己的学习风格进行任务选定，对课堂活动的进行有很大的帮助。但仍然有部分学困生没有熟练掌握课堂内容，角色扮演时的节奏没有跟上，显然这部分学生在课前需要进行个别化指导。虽然根据数据分析模型进行了分组，但依然存在学生在角色扮演中无法拓展思维，发挥想象力，也无法从角色扮演中真正学习到英语知识，英语能力自然得不到有效提升，所以本案例的教学活动可以增加改编故事结局等形式来拓展学生的思维，让学生学习英语的能力真正得到创新与发展。

三、教学总结与反思

（一）教学总结

本案例教学中教师采用角色扮演的教学模式，教师需要加强学生之间的小组合作。教师在进行分组时，要考虑学生之间的差异，尽量使每个小组成员之间的实力均衡，互相之间能够优势互补，而学生学习风格数据分析模型就为教师提供了依据。根据学生学习风格数据分析模型，教师对学生进行指导性的分组，但组内成员间的任务就让成员自己根据喜好进行角色选择，这样可以充分发挥他们的主动性。从课堂表演的效果来看，这样分组是有效的，主动型的学生在表演时放得开，如说到I'm scared时，表情到位，演技不错，而反思型的学生在背后配音，不用表演，不会出现紧张的心理，所以他们的台词说得也很流畅。这样学生在小组合作当中，不仅能够提升个人能力，小组成员之间的英语水平均会有所提高。

（二）教学反思

根据学生学习风格数据分析模型，在小学英语课堂中进行角色扮演的分组，能有效提升课堂效率，调动学生积极性，对学生的发展具有重要意义。但是，目前角色扮演的教学模式在小学英语课堂中的应用，仍然存在许多问题。所以，教师要肩负责任，不断提高自身专业技能，熟练运用角色扮演教学模式，并且不断丰富课堂教学内容，在小组之间进行训练时，教师要严格监督，防止部分学生趁此机会滥竽充数。总之，教师要注意对学生的指导，关注学生是否参与到角色扮演中来，注重学生的交流过程，如此才能提高学生的学习兴趣，发挥角色扮演教学的最大价值，从而达到英语教学的最终目的，为学生将来更好地发展奠定基础。

第五章

融合创新

G6智慧教育环境下在线教育开展

《绝句》G6能力点认证案例

一、基本信息

教学主题	绝句		所属学科	语文
教学对象	三（1）班		任课教师	李平
应用模式	多技术融合　　√智慧教育			
所属维度	学情分析　　教学设计　　学法指导　　学业评价　　√融合创新			

二、教学设计

（一）教学内容分析

《绝句》是统编版三年级上册语文第一单元的第一课的第一首古诗，主要内容是：该诗画面明丽，语言形象，情感欢悦，意蕴畅达，描写了成都草堂明媚的春色，表达了诗人愉快的心情和对和平的向往。因为这是一首古诗，按照：解诗题，知诗人，明诗意，悟诗情，试背诵来学习。绝句要求学生掌握什么是绝句这个概念，要掌握学习古诗的方法，并解决这首诗的意思和明白作者表达的感情。教学重点和难点是：①理解诗句，通过诗中所描绘的景色，体会作者所要表达的思想感情。②学生要边读边想象，在头脑中展现诗句所描绘的情景；并用自己的话说说古诗《绝句》所描绘的情景。

（二）教学目标分析

1. 知识与技能

正确流利、有感情地朗读文本，理解词义。

2. 过程与方法

通过观察朗读活动，了解诗意，获得情感体验，感受语言的美好。

3. 情感态度和价值观

通过诗句感悟，感受春天的美好，培养学生热爱自然的情感。

4. 学科核心素养目标

古诗是我国的优秀的传统文化，领略中华优秀的灿烂文化，激发学生的民族自豪感，让学生爱上学习古诗，做好优秀文化的传承。这首诗是杜甫描写成都草堂明媚的春色，让学生喜欢大自然，培养学生健全的人格，提升自身的文化修养。

（三）学习者特征分析

1. 起点能力

认识能力：三年级学生正处于思维迅速发展的阶段，对所有新奇的事物都充满好奇心，探究性强，有打破砂锅问到底的个性体现。

学习态度：三年级的学生自我管理、自我约束等能力开始逐步形成，这有利于这节课学生自行在家进行学习，并能按时回答老师的问题。

知识结构：对于古诗的教学，班上的同学基本上都明白是按照解诗题，知诗人，明诗意，悟诗情，试背诵来学习的，但是对古诗的一些关键字的学习上老师需要多引导。

2. 学习风格

学生是以兴趣和快乐为心理动力的主要因素，因而具有较大的波动性、不稳定性。对学习的目的也越来越明确，榜样的模仿也由身边的人和事，逐渐发展到对先烈和贤哲们的模仿，希望自己通过努力学习，成为一个"有用的人"，希望得到老师和父母的夸奖。而且平时都是面授，现在是第一节课的线上教学，学生比较有兴趣，但是也胆怯。

信息素养：以前班上每位学生都拥有一台平板电脑，学习者已经用平板一年多，具备基本的操作技能，所以在这节课中我能让学生在手机、平板电脑搜集上传各种资料，虽然是第一次上课，但是学生对腾讯课堂这种线上教学的方式，有浓厚的兴趣，并能基本上配合老师完成教学。

（四）教学环境与资源选择

（1）平台：腾讯课堂。

（2）技术工具：平板电脑、畅言晓学APP、PPT播放、共享屏幕、学生签到、在线答题、签到、画图等。

（3）资源：PPT课件、百度上搜集的《绝句》朗诵视频、杜甫的思维导图。

（五）教学方法选择

情景教学法，问答法，读书指导法。

三、教学评价

为了让学生了解熟悉古诗，我在畅言晓学上布置了课文朗读，让学生朗读课文，总体来看，完成得还不错。在课中抓住杜甫"诗中有画"的特点展开想象，感受春色之美。首先，让学生结合插图，自读了解诗中写了哪些景物，然后再结合自己的生活经验，从感觉、色彩、气味等方面想象景物特点并且在交流中使认识更加清晰。抓住杜甫诗中"一动一静"的描写，读出忙碌与安逸，感受春之生机与和谐。适当拓展赏析，一方面增加学生背诵方面的积累，另一方面蓄积对春天的美好感受。

对于线上教学，传统的课堂教学，师生能够面对面即时交流，教师的表情、动作、声音变化能够感染学生，学生与学生之间的交流也更为直接和到位。由于小学生三年级的年龄特征，注意力很难长时间集中，在没有教师面对面监督的情况下，学生可能会出现注意力涣散、无法跟上课堂节奏以及课堂反馈不到位等问题，直接影响教学效果。

在教授《绝句》这内容，由于学生在缺乏自觉性和家长监督的情况下，网络学习可能会沦为形式主义，知识没有深入地渗透到大脑当中。课堂作业和课后作业的完成也存在一定的难度，部分学生不关注教师布置的作业或者上交作业不及时，教师难以明确地了解学生的学习状况来进行查漏补缺。因此，在缺乏有效监督手段的情况下，网络教学不能呈现出相较于传统教学的优势。

教学总结：

（1）教学不仅是要看教学视频和资源。学生在家学习的时间久了，接触的人十分有限。天天面对视频的时间比较长，会产生视觉疲劳，师生之间充分的视频和音频互动调动学生的感官。

（2）促进自学是行之有效的方法。网络学习不是为传授而来，而是为了帮助学生自学而来。教师网上教学一方面要充分考虑如何创建短小精悍的学习资源，另一方面要把重点放在如何促进学生自主学习上，把学生培养成学会学习的人。

（3）家校联合，充分发挥家长监督的作用。家长们对于学生的学习是比较关注的，特殊时期，教师应该主动和家长沟通，了解孩子在家的学习情况。孩子在学习上存在的困难和疑惑，教师应该积极沟通，促进学生学习的顺利开展。

四、学生体会与教学反思

（一）学生体会

上了老师的这节课，我明白了如何学习古诗，对杜甫的文学造诣也明白了杜甫热爱春天、热爱大自然的思想。这是线上的上课，我还比较认真，而且对于腾讯课堂的那些工具我也基本上都会用，如果遇到不懂的事情，我可以重新回看，我觉得这个是线上教学的优势，但是老师是看不到我在干嘛，所以说我会走神，对我自己的自觉性要求比较高，而且时间一长，对我的眼睛也不太好。

（二）教学反思

本课的教学重点是如何引导学生入情入境地想象和理解每行诗句的意思。所以全诗的教学中，我以情景教学为主，利用腾讯课堂的屏幕共享，融入教师绘声绘色的语言渲染，让学生真正入其境，品其意，读其诗，教师上得比较理想。

　　真正的线上实践教学让我明白了技术重要性，线上教学和面授的不同，因为线上教学师生互动效果差，降低了教学质量。线上教学遇到不清楚的问题，无法让同学或老师及时沟通。教师在真实教室中可以通过学生的语言、动作等判断学生学习情况，从而开展提问等有效互动，还可以灵活安排小组合作学习，开展多种互动活动。然而，在线课堂上，师生存在距离，无法准确关注到所有学生，很难及时地掌握课堂学情，教师不知何时互动、怎样互动才有效，降低了教学质量。因此在线上教学中应该提高老师和学生的信息技术水平的重要性，在线上教学不仅要只讲，需要更多地调动学生的感官，可以做做题，听听音乐、玩玩小游戏等。

　　线上教学的在线检测也有一定作用的，在线检测后的批改和及时的错题分析，以及对学生测试情况分析，对掌握学生情况是很有利的，也可以一定程度提高教学质量。

《军神》G6能力点认证案例

一、基本信息

教学主题	军神		所属学科	语文
教学对象	五年级		任课教师	万赐龙
应用模式	多技术融合	√智慧教育		
所属维度	学情分析	教学设计	学法指导	学业评价　√融合创新

二、教学设计

（一）教学内容分析

　　本节课是人民教育出版社统编版小学语文五年级下册第3单元第11课《军神》。课文是一篇小说，写了刘伯承的眼睛受了重伤后，到德国人开设的诊所就医的故事。刘伯承为了尽量减少对大脑的影响，拒绝使用麻醉剂，强忍巨大的疼痛接受了手术，表现钢铁般的意志，体现出他为了能全心全意投入革命，不惜自己承受巨大的痛苦的精神。

（二）教学内容结构

（1）事实：利用网络资源，了解课文主人公刘伯承的相关资料。

（2）原理；通过微课学习《学会运用人物描写的方法，理解人物的性格特征》，进一步提高分析人物描写的能力，更好地理解小说的故事内容，人物的性格品质。

（三）本课重点难点

朗读课文，读出人物说话的语气。

从文中找出对沃克医生动作、语言、神态的描写，体会他的心理变化。

（四）教学目标分析

1. 知识与技能

朗读课文，了解故事的主要内容。（知识点类别：事实）

2. 过程与方法

（1）利用网络资源查找主人公的相关资料。（知识点类别：事实）

（2）结合微课学习《学会运用人物描写的方法，理解人物的性格特征》，回顾以往分析人物性格特征的方法，进一步学习本节课内容。（知识点类别：问题解决）

3. 情感态度和价值观

共产党员刘伯承意志如钢，他的毅力超过了一般的人，这样的人才能被称为真正的男子汉，真正的军人，被称为军神。我们应该向他学习，磨炼自己的意志，勇敢面对生活中的困难。

4. 学科核心素养目标

（1）通过自主学习，自学生字新词。掌握语文字词基础知识。

（2）朗读课文，了解课文主要内容。通过朗读感悟，提高语言能力。

（3）学会利用网络资源，辅助学习，查找主人公的相关资料，助力课堂。

（4）通过课前微课学习，提高课文中人物描写的分析能力。

（五）学习者特征分析

（1）学习者的起点能力：五年级的孩子有一定的生字新词自主学习能力，利用工具书等较好地完成生字新词的学习。有一定的学习微课能力，通过自主观看微视频，能够掌握难度适中的知识内容，学以致用。

（2）学习者的学习风格：本班孩子有一定的自主学习能力，比较擅长应用平板电脑教学机辅助自主学习。比较适应课前自主学习、课中合作学习、课后拓展学习的学习方式。

（3）学习者的信息素养：本班孩子已经历了两年的平板电脑实验班和两年智慧课堂班的学习经历，能够较好地借助平板电脑教学及辅助完成课前自主学习；能够通过课程的微课学习完成老师布置的相关学习任务，达到课前学习的目标。

（六）教学环境与资源选择

（1）平台：本节课智慧教育环境下在线教育开展的平台为腾讯课堂。

（2）技术工具：智慧课堂平板电脑教学机、科大讯飞畅言晓学APP、腾讯课堂。

（3）资源：畅言智慧课堂电子课本、畅言晓学分享的微课、互联网相关资料。

（七）教学方法选择

本节课主要采取读书指导法，解决学生朗读指导；教授法，教师引导学习微课知识点；问答法，教师了解学生课前学习情况。

三、教学过程设计

学习步骤	学生活动	教师活动	资源和技术
1	学生自主学习生字新词	畅言晓学APP布置朗读新词	平板电脑教学的AI智能语音识别评价学生新词学习情况
2	学生自主朗读课文	畅言晓学APP布置朗读课文	平板电脑教学的AI智能语音识别评价学生朗读课文情况

学习步骤	学生活动	教师活动	资源和技术
3	观看微课《学会运用人物描写的方法，理解人物的性格特征》，完成相关的学习任务单	教师制作微课，在畅言晓学APP的班级圈发布微课视频和微课学习任务单	学生利用平板电脑教学机观看微课完成相应的微课学习任务单，拍照上传
4	观看腾讯课堂，开展师生线上教育，完成课前学习任务	主持腾讯课堂，交流学生微课学习情况，指导学生完成课前学习内容	智慧课堂平板电脑教学机、腾讯课堂APP、畅言晓学APP

四、教学评价设计

（1）利用畅言晓学APP的AI人工智能语音评价系统，完成的学生对新词朗读和课文朗读的智能评价。

（2）利用畅言晓学APP，学生观看其他同学分享的学习内容进行互评、点赞评价。

（3）教师根据学生拍照上传的学习空间的微课学习任务单成果，进行学习等级评价。

五、学生体会与教学反思

随机选取两名学生拍摄谈体会视频：

学生1：老师在课前布置的课程学习作业，引导我利用网络资源查找主人公的相关资料，让我进一步地了解了刘伯承的事迹，知道了他是一个真正的共产党人。这些课前的学习，将有利于我进一步地了解课文的故事内容。如果可以，我还想找一些有关刘伯承的电影来看一看，我想那一定更加吸引我。

学生2：在课前老师布置我们开展微课学习《学会运用人物描写的方法，理解人物的性格特征》。通过学习我温习了人物描写的几种方法，这些方法都有助于我理解人物的性格特征。我就是利用这些分析人物性格特征的方法，自主学习课文的内容知道了：共产党员刘伯承意志如钢，他的毅力超过了一般的人，这样的人才能被称为真正的男子汉，真正的军人，被称为军神。我们应该向他学习，磨炼自己的意志，勇敢面对生活中的困难。

教师拍摄谈体会视频：①录制微课的时候，我主要是根据本节课的教学难点"分析人物的性格特征，了解人物的品质"设计微课。②我还利用网络学习空间来发布微课的内容，以及布置微课学习任务单，引导孩子们学习与思考结合，开展课前学习。

《乡下人家—感知画面》G6能力点认证案例

一、基本信息

教学主题	乡下人家—感知画面		所属学科	语文
教学对象	培优		任课教师	黄碧红
应用模式	多技术融合	√智慧教育		
所属维度	学情分析	教学设计	学法指导	学业评价 √融合创新

二、教学设计

（一）教学内容分析

该课是人教版语文教材四年级下册第一单元里的一篇精读课文，文章按照房前屋后的空间顺序和春夏秋三季，白天傍晚夜间的时间顺序交叉描写，展现了乡下人家朴实自然，充满诗意的乡村生活，也赞扬了乡下人家热爱生活的美好品质。作者抓住乡下人家最普通的事物和场景，展现了恬静祥和的农家田园生活，表现了人与自然的和谐相处，歌颂了乡下人家的勤劳淳朴、热爱生活的美好品质。

1. 教学内容结构

本文最大的特点是有很强的画面感，每个场景、每个季节都是一幅画。每个独特的画面组合在一起，层次丰富而清晰，构成了一幅独特、迷人的田园风景图。

2. 教学内容属性

事实、技能、解决问题。

3. 教学重点和难点

（1）边读边想象画面，感受乡下人家独特迷人的风景。

（2）给课文配图，给每幅图片取名字。

（二）教学目标分析

1. 知识与技能

正确、流利、有感情地朗读课文。

2. 过程与方法

品读关键词句，感受作者生动形象的表达。

3. 情感态度和价值观

初步体会作者对乡村生活的喜爱和赞美之情。

4. 学科核心素养目标

本文采用白描的手法，描写了优美、和谐的田园生活。呈现了乡村如画一般优美的景色，字里行间透露着作者对乡村生活的赞美和留恋之情。

（三）学习者特征分析

参加培优的这部分学生都是四年级的学生，学习能力较强，学习态度也好，学生对故事内容感兴趣。四年级学生对于散文"形散神聚"是陌生的，不容易在头脑中形成表象。信息化手段方面，学生对腾讯会议较熟悉；在硬件方面，学生均配备有供学习使用的平板电脑，能够及时加入线上课堂的学习，同时也为个性化教学资源的精准推送提供了保障。

（四）教学环境与资源选择

（1）平台：腾讯会议。

（2）技术工具：畅言晓学。

（3）资源：PPT、视频。

（五）教学方法选择

讲授法、问答法、演示法、练习法、讨论法。

三、教学过程设计

学习步骤	学生活动	教师活动	资源和技术
关联生活，唤起体验	自由发言乡村景色留下的印象	播放乡村景色视频	播放视频
整体感知，为文配图	作批注，给每幅画取名字，由扶到放，感知课文内容	出示图片，教会概括小标题方法	共享屏幕
赏画品文，感受景致	学生自主学习，利用圈画批注的方法品读文本	设计开放性题目，鼓励学生质疑	PPT播放
小结学法，留白思考	反复朗读中心句	鼓励学生课外继续迁移运用	摄像头授课

四、教学评价设计

开展多元教学评价。利用畅言晓学布置朗读作业，了解学生的朗读情况，掌握学生生字学习的易错点，并通过按分数发放智豆以达到教学前的诊断性评价。课堂中布置在线答题，检测学生的掌握情况，以达到教学中的形成性评价。在课堂上指名学生朗读，并适时进行教师点评和学生点评。

五、学生体会与教学反思

（一）学生体会

学生甲：这次在线学习真的不错，即使在家也可以在线和老师沟通，课程安排很合理，不会让人感到疲惫。

学生乙：这次在线学习中，我掌握了更多的线上学习技巧，更快更好地回答老师的问题，不再像以前一样，害怕利用平板，更加自信。

（二）教学反思

初次使用线上教学，会有很多突发的问题出现。开展线上课堂需要家长的配合。师生互动比较困难，部分家长不懂腾讯会议的一些功能也会影响学生的互动效果。有部分学生因为家长工作原因，无法按时进入课堂学习。直播过程中也会因网络问题，影响课程。技术工具使用不够熟练，比较浪费时间。教学效果一般，无法面对面接触学生，不能及时掌握学生的听课效率。老师采用了解决方法，增加与学生的互动，回复数字回答老师问题，让学生打开摄像头，让老师掌握情况。

G7智慧教育背景下教研活动组织或参与

《基于金湾教育云平台的数学教研活动开展研究》
G7能力点认证案例

一、基本信息

研究主题	基于金湾教育云平台的数学教研活动开展研究	所属学科	数学
研究对象	金湾教育云平台	参加人员	全体数学组教师
所属环境	多技术融合　　√智慧教育		
能力维度	学情分析　　教学设计　　学法指导　　学业评价　　√融合创新		

二、教研活动方案

（一）教研主题

基于金湾教育云平台的数学教研活动开展研究。

（二）教研目标

（1）通过智慧教研使老师们学会倾听同伴的发言，学会交流，善于发表意见，交流思想，阐明观点，提高教师的语言表达能力，发展教师学习的能力。

（2）通过智慧教研改变传统的教研方式，不用所有老师聚集到一起开展教研活动，省去了老师路途上的奔波。可以让老师们更方便地参加教研活动，可以随时随地学习，不用再受时间和场地的限制。

（3）通过智慧教研，老师们可以更加畅所欲言，在网上发表自己的观点，不用像现场教研氛围那样严肃，老师可以自由表述的想法和观点。

（三）教研形式

基于金湾教育云平台环境下数学科组开展的集体备课活动

我们现在的集体备课是智慧集体备课，科组长在金湾教育云平台上发起集体备课活动，确定好主备人，主备内容，活动周期，备课要求，确定好参与人，发布内容，大家就可以在网上实时查看主备人上传的资源（包括教学设计，微课，课件，课前学习单等内容）。参与人可以随时随地在网上对主备人的内容提出自己的宝贵意见，其他参与者也可以在网上看到同伴的意见，并提出自己的意见和建议。

基于金湾教育云平台环境下数学科组开展的录播评课活动

教师可以在班级通过班级录播系统直接录制自己上的每一节课，导出的视频可以上传到金湾教育云平台，由科组长发起录播评课活动，同伴就可以随时随地查看录课视频，省去了去班级听课的麻烦，也不用大家去调课，利用自己的空余时间就可以向同伴学习，老师们都很喜欢这种教研方式。

基于金湾教育云平台环境下数学科组开展的主题研讨活动

这种教研方式需要科组长确定教研的主题，大家去根据主题的要求完成相关的任务。

（四）智慧教研工具

工具名称：金湾教育云平台。

工具功能：可以发起录播评课活动、集体备课活动、主题研讨活动。

工具选取理由：金湾教育云平台是我们整个金湾区统一使用的平台。

工具使用过程：打开金湾教育云平台→登录→进入个人空间→教研→参加活动。

三、教研活动实施

（一）研究方法

总体上以行动研究为主，并辅之以文献资料法、经验总结法。

（二）研究工具

（1）工具名称：金湾教育云平台。

（2）工具应用环节：整个教研过程都可以使用。

（3）工具具体用途：用于布置活动，同伴参与活动，发表自己的意见和建议，收集同伴的建议。

（三）研究流程

第一阶段：学习阶段。

金湾教育云平台的工作人员入校培训，老师们积极参加培训学习。

第二阶段：实践阶段。

科组长率先示范，在网上尝试开展新型智慧教研活动，组员按照活动要求积极参加活动，发现问题及时解决，得到了很好的效果。

第三阶段：总结反思阶段。

每个人对于这种教研方式发表自己的意见，每个老师都觉得这种新型智慧教研方式很好，省去了大家调课的麻烦，也省去了奔波的烦恼，是一种值得推广的教研方式。目前我们金湾区好多活动也都是以这种方式开展的，会继续推广下去。

（四）研究结果

通过对金湾教育云平台的功能进行实践研究，发现平台里面有好多功能都可以应用于教研，对教研活动有很大的帮助。比如录课评课活动，老师们可以反复观看视频，其他老师都可以来学习，方便路途遥远的老师，即使相隔千里也可以在网上一睹上课老师的风采，省时省力，也可以实现在网上评价交流沟通。比如老师们的集体备课，现在这种方式已经不只局限于某个学校开展集体备课，可以区域间开展集体网络备课活动，老师们的意见和建议，大家可以反复查看，学习别人的思想。这些活动的同步资源都可以在网上保存，其他老师都是可以一起学习的，实现真正的资源共享。

四、智慧教育理念的支持

传统的教研很有局限性，首先是场地的局限，其次是时间的局限，最后是方式的局限。智慧教研方式就可以避免这些局限，跳出这些局限去开展活动。

传统教研的资源不好保存，不好实现资源的共享。而智慧教研方式则没有这些弊端，老师们的资源可以保存在平台，每个老师都可以随时查看，真正实现资源的共享。

五、未来研究展望

需要校领导对智慧教研方式多些引领，多提些指导性意见，让这种新型教研方式更加好用，实现真正的智慧教研。

希望平台多开发些其他适合教研的功能，供我们科组选择，不再局限于这几种教研形式。

六、教研活动效果与反思

（一）教研活动开展效果

智慧教研这种新型教研方式很受现代老师的喜欢，大家都积极主动参与教研，积极学习。每个老师对这种教研方式的评价都很高，喜欢的原因有以下几点：①因为它不受时间的限制，随时学习。②不用到处奔波去学习，只要有电脑，有网络就可以实现学习。③可以看到每个人的建议，不再受时间的限制，可能没有那么多时间每个人发言，现在每个人都可以表达自己的看法，可以畅所欲言。

（二）教研活动反思

（1）老师们要有活到老学到老的意识，要积极学习先进的学习方式与理论知识，与时俱进，争取不被社会所淘汰。

（2）老师们要学精现有的技术手段，不能只学皮毛，发现其中的优势所在，扬长避短，才能不被信息技术所束缚。

（3）多与人沟通，多交流，碰撞出的思维火花值得大家去学习与思考。

（4）多收集老师们的资源，建好资源库，实现资源共享，实现真正的智慧学习。

《智慧课堂的随堂检测》G7能力点认证案例

一、基本信息

研究主题	智慧课堂的随堂检测	所属学科	小学语文
研究对象	智慧课堂的随堂检测环节	参加人员	海澄小学语文组
所属环境	多技术融合　　√智慧教育		
能力维度	学情分析　　教学设计　　学法指导　　学业评价　　√融合创新		

二、教研活动方案

（一）教研主题

智慧课堂教学模式是利用丰富的教育信息化资源，培养学生逐渐成为学习的主角，提高了自主学习效率，是一种典型的先学后教模式。那么，如何设置高效的智慧课堂随堂检测环节，有利于学生"内化知识，拓展能力"，帮助学生自主学习和知识构建，提高课堂效率呢？珠海市三灶镇海澄小学语文科组开展了"智慧课堂的随堂检测"教研活动。

（二）教研目标

课堂中的随堂检测环节是了解学生课堂学习情况的良好措施，可以为教师进一步开展教学活动提供依据。因此，海澄小学语文科组开展一个学期的"智慧课堂的随堂检测"教研活动，将重点探究小学语文智慧课堂的随堂检测如何高效设置，既帮助教师了解学生学习程度，又提高小学生的语文知识掌握水平，做到巩固、查漏补缺和能力提升，提高智慧课堂的学习效率。

（三）教研形式

以科组为单元，开展"智慧课堂的随堂检测"主题讲座，学习理论。

以年级为单元，开展"智慧课堂的随堂检测"研究汇报，交流教研。

以课堂为载体，开展集体备课，致力海澄小学常态化智慧课堂实践。

（四）智慧教研工具

（1）学习的理论书籍：《智慧课堂》（孙曙辉 刘邦奇著）、《智慧课堂——新理念 新模式 新实践》（刘邦奇 吴晓如著）、《小学语文课程标准（2011版）》。

（2）实践的教学环境：科大讯飞畅言智慧课堂系统。

（3）教研的研修环境：海澄小学智慧会议室。

三、教研活动实施

（一）研究方法

（1）文献法，学习相关理论。

（2）教学实验法，实验智慧课堂随堂检测环节效率。

（3）行动研究法，以科组为单位进行主题教研活动。

（二）研究工具

（1）理论书籍：《智慧课堂》（孙曙辉 刘邦奇著）、《智慧课堂——新理念 新模式 新实践》（刘邦奇 吴晓如著）、《小学语文课程标准（2011版）》。学习的智慧课堂相关理论，为实践提供理论指导。

（2）教学环境：科大讯飞畅言智慧课堂系统。实践海澄小学常态化智慧课堂，重点教研随堂检测环节的高效设置。

（3）研修环境：海澄小学智慧会议室。学期为单位，有计划地开展6次以上的"智慧课堂的随堂检测"主题教研活动。

（三）研究流程

第一阶段，学习理论知识，1次教研。语文科组会议集中学习+教师自主学习。其中，自主学习以观看理论书籍和观看相关慕课的形式完成学习。

第二阶段，研究汇报教研，6次教研。以年级单位，针对一个课例的智慧课堂随堂检测环节设置，汇报课例的智慧课堂随堂检测环节如何设计、怎样实践、反思效率、优化设置。在集体教研，年级汇报、集体沙龙交流，在整体教研中推进对主题的认识，不断地提升智慧课堂随堂检测的设计能力。

第三阶段，研究汇报教研，1—2次教研。首先，采用提前协同文档，在线编辑形式网络教研，收集成果与反思。然后，科组再集中总结本次主题活动的成果与展望。

（四）研究结果

通过常态化智慧课堂随堂检测的研究与实践，有利于教师进一步熟悉运用智慧课堂教学模式，提升课堂教学练习的实效。教师反思，还要进一步做好课前充分备课、制作微课及自主学习任务单。引导学生在课堂外利用微课进行自主学习、整理收获、提出困惑；在课堂内展示交流、协作探究、小结收获、拓展知识、随堂检测、布置作业。

四、智慧教育理念的支持

（一）智慧课堂

依据建构主义学习理论，学生学习是获得知识的过程，知识不仅仅是通过教师传授得到，更是学生在一定的情境（社会文化背景）下，借助教师或其他学习伙伴等的帮助，利用必要的学习辅助资料，通过意义建构的方式而获得知识。智慧课堂（翻转课堂）特别注重学习者知识的自主建构，自主探究和自主发现，教师把自主探究学习、基于情景的合作学习、基于问题解决的研究性学习实践于智慧课堂，有利于学生的创新思维、创新意识、创新能力的培养。

（二）随堂检测

随堂检测是在智慧课堂教学环境的课中环节，师生课堂完成主要是在课堂教学任务之后，教师设置恰当的课堂练习题，利用平板电脑教学机进行学生学习检测诊断，学生完成检测练习题并及时提交，师生通过智能数据分析，实时地交流反馈检测成果，实现智能高效地检测学生的知识掌握情况，深化学生对知识的再次认识。

五、未来研究展望

（1）需要开展智慧课堂各环节的细化研究，促进学科课堂与信息技术深度融合，不断探究实践成长。

（2）推动专家的引领，鼓励智慧课堂的融合创新。

六、教研活动效果与反思

（一）教研活动开展效果

智慧课堂的随堂检测环节是教学过程中不可缺失的环节，是及时检查学生掌握知识的尺码，又是教师教学效果的反馈。教师们通过本次主题教研活动，形成了智慧课堂随堂检测的有效性策略，提高课堂的效率：

（1）精讲精练，提升能力。

（2）创新设题，激发兴趣。

（3）适当延伸和扩展，提升随堂检测深度。

（4）利用反馈数据，及时调整教学策略。

（5）注重随堂检测反馈，优化课后学习。

（二）教研活动反思

随着智慧课堂教学模式继续开展，教师要进一步深化学习信息化教育教学的理论，做到理论支撑实践；要进一步提高信息化教育教学的运用能力，信息化技术服务智慧课堂；教师还有要注重智慧课堂随堂检测的方法、内容、数量与质量的高效搭配，发现其中的高效所在，扬长避短，才能不被信息技术所束缚，做教学的引导者，提升学生自主、合作、探究的能力，培养学生成为真正的学习主人。

G8智慧教育环境下教学模式创新

《图形的运动》G8能力点认证案例

一、基本信息

教学主题	图形的运动		所属学科	数学
教学对象	六年级		任课教师	李晶
所属环境	多技术融合	√智慧教育		
能力维度	学情分析	教学设计 　学法指导	学业评价	√融合创新

二、模式介绍

（一）教学指导思想

目前我国教育已经进入了课程改革的时代，作为一种新的教学理念——主题式教学被多次提到。现阶段我国教育中的数学教育，已经开始向形式化转变了，因此，数学教学的改革已经是势在必行。

《图形的运动整理与复习》这节课是对图形的运动知识点的总结与整理复习，这里需要同学们真正理解每个知识点的联系与区别之后，再进行自己的再创造的一节课，所以很适合用主题式教学模式来学习本节课。

主题式教学模式是在老师创设的情境下，选择与当前学习主题密切相关的真实性事件或任务作为学生的中心内容，让学生们面临一个需要立即去用已有的知识去解决的现实问题，需要同学们通过小组合作的力量去完成老师的布置任务，不仅可以锻炼学生解决实际问题的能力，还有助于小组之间的合作能力提升，所以主题式教学模式是一种值得去尝试探索的教学模式。

（二）教学目标

1. 知识与技能目标

使学生进一步巩固对轴对称图形、图形的平移、旋转、放大与缩小的认识，并会画一个图形的轴对称图形。掌握图形变换的常用方法。

2. 过程与方法目标

通过实际操作，培养学生的动手操作能力。

3. 情感态度与价值观目标

让学生感受几何图形蕴藏的美，产生创造美的欲望，激发学生对学习数学的兴趣。

4. 学科核心素养目标

锻炼学生解决问题能力，提升小组合作能力，学会与他人合作。

（三）适用学科内容

适用单元整理与复习课程，动手操作性强，综合实践性等课程内容。

（四）适用环境

适用智慧教育环境。

（五）使用的技术工具及其应用策略

本节课应用了平板的投票功能，学生对已经完成的小组作品通过平板的投票功能进行投票，投选出自己心目中的优秀作品，票数多的前四名为优秀作品。这样的操作体现了公平公正的原则，每个人都有投票的权利，这样的投票结果是全班同学的共同选择。投票结果可以及时公布，省去了老师一个一个去统计的麻烦，省时省力。

三、操作程序

应用场景	一对一 一对多 一对全
确定主题	大主题："我是小小设计师"比赛 子主题1：自己做图案 子主题2：小组贴图案

活动设计	探究形式	自主探究　　协作探究　　群体探究	
活动设计	情境创设	同学们，今天李老师要在我们班举办一场"我是小小设计师"的比赛，在比赛开始之前，我们先来复习一下可能用到的数学知识。通过复习学过的四种图形的运动相关知识，让学生对图形的四种运动有一个系统的认识，引出主题：运用图形的运动相关知识设计美丽图案，完成"我是小小设计师"比赛	
	目标要求	通过课前播放微课，让学生了解四种图形变换的特征 通过对图形的运动的复习与整理，让学生有对图案的初步感知，做到心中有图案，有想法 通过小组共同设计美丽图案，让学生学会合作学习，学会表达四种变换的特征	
	资源准备	美丽图案作品，黑色卡纸，彩色A4纸，剪刀，固体胶	
	成果形式	小组共同设计完成"我是小小设计师"作品	
	发布任务	每组学生按照老师的要求领取任务	
活动实施		教师活动	学生活动
	子主题1：小组设计图案	教师公布本节课将举办一场"我是小小设计师"比赛，引出主题，激发学生的学习兴趣	学生知晓本节内容："我是小小设计师"比赛
		教师播放课件演示四种图形的运动，复习四种图形的运动特征，根据学生的汇报及时板书	学生汇报及补充
		展示美丽图案作品的图片，引出主题	欣赏老师设计的作品，做到心中有图案，有想法
		老师发布任务如何分小组设计？各组领取任务	自主探究法 小组合作探究法
		老师适当巡视，指导	不懂的地方向同学或老师求助
		老师提问：你是如何做的？	学生汇报做法及补充
	子主题2：小组合作完成粘贴图案	评选出4幅优秀作品，对优秀作品进行奖励：颁发奖状和奖品	学生通过平板投票选出4幅优秀作品
		老师请获奖的4组由组长或者小组成员代表分享：你们是如何贴的？贴的过程中说一说你们运用了哪些图形的变换知识？	获奖的四组组长或者小组成员到讲台前展示分享
		想一想：如何才能让我们的设计更加漂亮，说一说你的想法？	学生畅所欲言

续 表

成果展示	学生设计完成的美丽图案
交流评价	学生对每组的设计与贴法的表述进行点评，课堂上加深对四种变换的特征理解
总结反思	教师总结本堂课的教学方式、教学资源等 学生对探究活动中个人的表现进行总结与反思

四、学生体会与教学反思

说明：

1. 学生体会：两名学生对课程过程进行回顾，说明他们在该课程中的体验与感受。

2. 教学反思：针对一个主题，基于上述模式，描述该模式的主要特点与流程、效果与反思。

（一）学生体会

学生1：本节课的学习很有趣，既学到了知识，又明白了与小组成员之间要团结互助，才能出色完成老师布置的任务。

学生2：这是一节与平时不太一样的课程，很好玩。不仅可以动手操作设计自己喜欢的图案，还可以通过投票，选出自己心中的优秀作品，获奖的小组还可以得到奖状和奖品，很开心，很喜欢这不一样的数学课，希望以后可以多上这样的数学课。

（二）教学反思

1. 教学亮点

（1）积极创设情境，激发学生学习的好奇心和求知欲。

（2）运用现代信息技术，实现了学生的学习方式、教师的学习方式和师生互动方式的变革，实现现代信息技术与学科课程的整合。

（3）每个环节思路清晰，课堂语言科学规范，教学板书清晰明了，每个环节之间的衔接自然。

（4）充分发挥学生的自主性，整节课都是学生在说，学生在动手操作，学生在分享汇报，学生在说收获，体现了学生才是课堂学习的主人。

2. 教学不足

（1）教师在提问时应该给学生充分思考的时间，帮助学生养成良好的思考、分析习惯。

（2）学生在动手操作时的时间较多。

（3）学生的语言表达能力还不是很好，还需要多多锻炼与培养。

（4）如何将"创设情境"有机地与教学结合起来，更有效地为教学服务。问题情景的创设不能流于形式，而应更多地考虑学生的年龄特征、兴趣爱好，多从学生的角度来设计、创造。

（5）教师还应该大胆对教材进行重新组合、设计，安排更合理的教学环节，来促进学生对新知识的主动建构。对于利用四种图形的运动设计图案时，应该考虑到平移的具体数量，应该让学生自己动手去画，利用最基本的单元图形来设计美丽的图案，要尽可能保证平移的量和方向。

（6）教师的教学语言，尤其是激励学生的语言还应该更丰富些，以便更好地关注学生的情感、态度等方面的发展，从更高层次上培养学生学习数学知识的兴趣、学习数学知识的信心，为学生的终身发展奠定基础。

《Unit 5 Being Helpful》G8能力点认证案例

一、基本信息

教学主题	Unit 5 Being Helpful		所属学科	英语
教学对象	六年级		任课教师	文燕
所属环境	多技术融合	√智慧教育		
能力维度	学情分析	教学设计　　学法指导	学业评价	√融合创新

二、模式介绍

本节课采用了互动式教学模式，"互动式教学模式"是以培养学生自主意识和创新能力，以"让学生爱学、会学、善学"为目标的教学结构模式。把传道、授业、解惑看作是师生之间的情感交往、沟通，是一个动态的、发展的、教与学相互统一的交互影响和交互活动过程。在这一过程中，师生关系及相互作用得到调节，形成和谐的师生互动、生生互动、学生个体与学习中介及个人环境互相影响，从而产生教学共振、达到教学效果的一种教学结构模式。

（一）教学指导思想

1. 政策导向

20世纪60年代，"互动"的概念被引入课堂。教育部颁布的《基础教育课程改革纲要（试行）》中明确指出，"教师在教学过程中应与学生积极互动、共同发展，要处理好传授知识与培养能力的关系。"可见，在课堂教学过程中，师生之间的互动是非常重要的，也是非常必要的。是目前西方普遍采用和推崇的教学方式，这种教学模式强调以学生为中心，要求学生成为信息加工的主体，同时亦要求教师不再只是专业知识的提供者，而是推动学生主动学习的帮助者、促进者，以便师生在和谐、愉快的情境中实现"互动"。

2. 现有教学模式的不足

传统的教学模式是以教师为中心的教学模式，强调"如何教"，是一种"填鸭式"教育，这种教育方式违背了课堂教学的"互动"性，不利于调动学生的积极性，也难以取得良好的学习效果。

3. 学科教学实际

学科要求学生成为信息加工的主体，同时亦要求教师不再只是专业知识的提供者，而是推动学生主动学习的帮助者、促进者，以便师生在和谐、愉快的情境中实现"互动"。英语学科需要在教师的适当辅助下充分发挥学生学习的主体作用，让学生体验到知识技能的形成过程，并自己发现掌握新知识。

4. "互动式教学模式"的优势

在教学中，通过广泛交流实现师生互动，相互沟通，相互影响，相互补充，使学习过程更多地成为学生发现问题、提出问题、解决问题的过程，构建和谐的、民主的、平等的师生关系，以师生互教互学，形成一个真正的"学习共同体"，创设师生交往、共同发展的互动教学关系，从而产生教学共振、达到教学效果。

（二）教学目标

1. 知识与技能

（1）能听说读写的词汇：如 turn on the light，turn off the TV，put on the jacket，put away your books，take out your notebook，take out the trash，put on your jacket，hang up your clothes，clean up the room 等。

（2）能熟练运用句型：

Can you hang up my clothes?

Sure. I'll hang them up. I'm proud of you.

Can you take out the trash?　Sure. I'll take it out.

Can you clean up my room?　Sorry. I'm busy now.

能运用已学单词和句型完成简单的写作。

2. 能力目标

（1）运用所学的短语和句型进行回答。

（2）能听懂简单的关于问如何请别人帮忙做事的内容，并根据听力内容进行作答。

（3）能运用所学的句型进行书面表达。

（4）熟练使用平板电脑进行课堂互动。

3. 情感态度与价值观

（1）学会在小组合作中相互学习，相互交流。

（2）进一步提高学生的交际能力。

（3）学会利用现代化的信息技术为自己的生活服务。

（4）能帮家长做力所能及的家务。

三、适用学科内容

把学习内容分成几个模块，小组成员合理分工，每人负责其中一个模块，同时展开资料收集、归类整理的工作，并提出自己的观点或想法。由于智慧课堂信息化平台中有着大量、丰富的信息资源，可以在较短的时间内完成资料的收集，再由小组成员同时展开工作，这样便可以大大缩短学习准备所花费的时间。更重要的是，由于每人负责其中一个模块的学习内容，在接下来的讨论中，该学生便可以担任该模块内容的组织者，锻炼自己的组织能力，同时增强小组合作意识。

四、适用环境

利用信息化平台实现资源共享，共同进行探讨研究。合作学习过程中的小组成员可以将其在学习探索过程中发现的资源信息、学习材料，与小组的其他成员共享，甚至可以同其他组或全班同学共享。小组成员可以将其在学习过程中的观点形成文字，发布在小组讨论栏内，在讨论过程中，可以展示自己收集到的论据材料，便于小组成员发表意见，当遇到小组解决不了的问题时，可以在信息化平台中查找新的资料，或利用平台寻求别人的帮助，比如，其他组的成员或教师，直至小组形成统一的观点。最后将合作学习成果汇总上传。

五、使用的技术工具及其应用策略

（1）技术工具：平板电脑、微课、一起作业APP、板书贴图、学生任务单。

（2）应用策略：

① 任务驱动法：老师课前布置学习任务，让每个小组探讨完成小组任务，交给老师。设境激趣启智是智慧课堂的首要任务，用情境去刺激学生，以激发学生兴趣，调动学生学习欲望，引发学生的认知冲突，唤醒学生智慧，开启追智旅程。

② 情景教学法：让两个学生互相询问对方的日程生活，让所学单词与实际联系；学生智慧的生长最终得益于自己的内在思悟，而不是靠教师的馈赠，也不是机械地接受，需要经历感性的探究体验，通过理性的思考提炼，依靠学生的自主思维创生出来。智慧课堂在于互动交换，通过生生互动，借助众人的智慧共同学习，在相互碰撞中开出智慧之花，缔结智慧果实。

③ 练习法：通过随堂测验，及时了解学生掌握情况。应用迁移润智是智慧课堂不可或缺的策略。学以致用是润智的重要手段，应用给学生提供了肥沃的土壤，学生将学习方法经验主动迁移，应用到其他问题的解决之中，让智慧之树汲取更多的养分，使智慧之果更加富有营养。

④ 自主探究法：学生在教师的引领下，开展自主探究活动，发挥自己的智慧去找寻智慧果，在这过程中需要教师让学引思，让学生在亲手实践中探究，在相互合作中实现学习目标，在追寻智慧果的过程中享受快乐。

六、操作程序

（1）提前让班级的一位学生进行边做家务边说英语的录成视频，对学生创造真实的学习情境。

（2）这节课主要是在课前让学生观看微课，跟读平板电子书，利用一起作业APP推送作业给学生，让学生跟读短语和句型，大部分学生在课前已经把词汇和短语学会了。

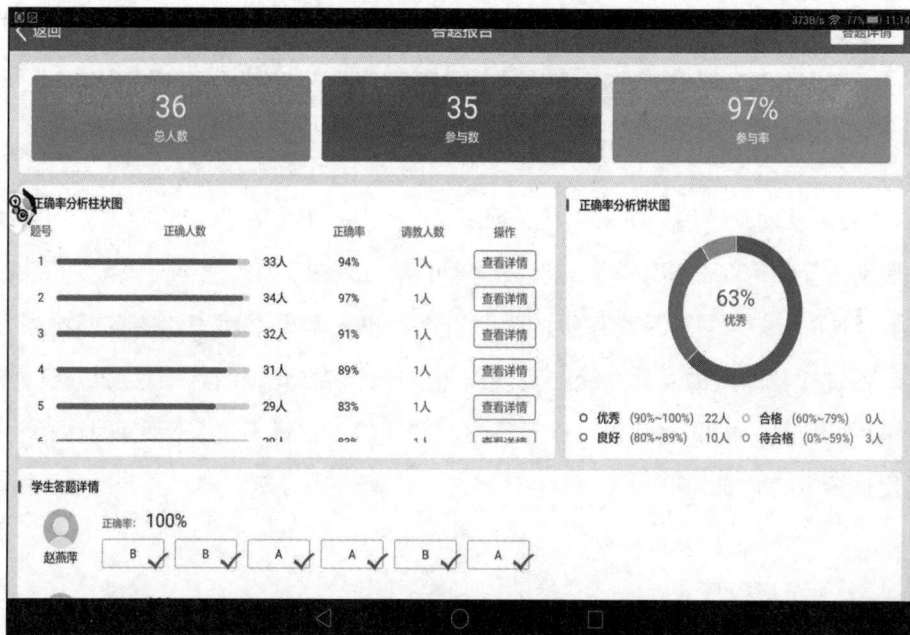

图2-5-1 基础练习题答题情况

（3）充分利用信息化手段创设情境，通过本班学生边做家务边说英语的视频对学生创造真实的学习情境引入新课。

（4）听力测试结合智慧课堂的互动系统，通过教师一键发布习题，学生作答，实时统计数据的方式，方便快捷地展现了学生对知识的掌握情况，为学生发展性评价记录并收集大数据，利于教师因材施教、分层教学。

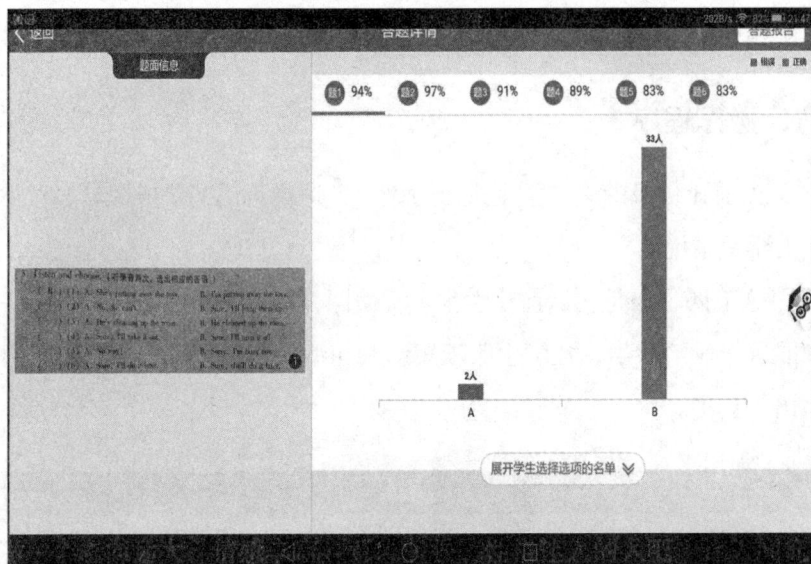

图2-5-2　答题详情

（5）从动画情境到实际生活，锻炼了学生的综合运用语言的能力，利用任务驱动，让学生在"演中学"，激发学生的学习兴趣。

（6）作文的书写是高年级的学习重点，也是学生书面表达的重要检测方式。通过智慧课堂的互动系统，实现作业点评的多样化，教师不仅可以实时点评学生的作品，同学之间也可以互相学习和评价，这样不仅提高了课堂效率，还促进学生的共同进步。

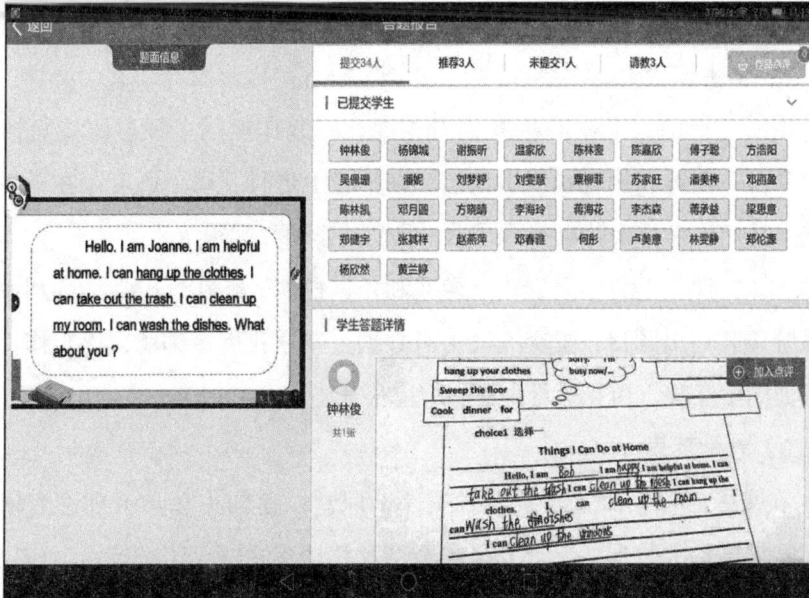

图2-5-3 答题报告

（7）利用平板发布孩子们在家做家务的图片，和对同学的了解，在平板上投票选出心中最会做家务的3位同学。

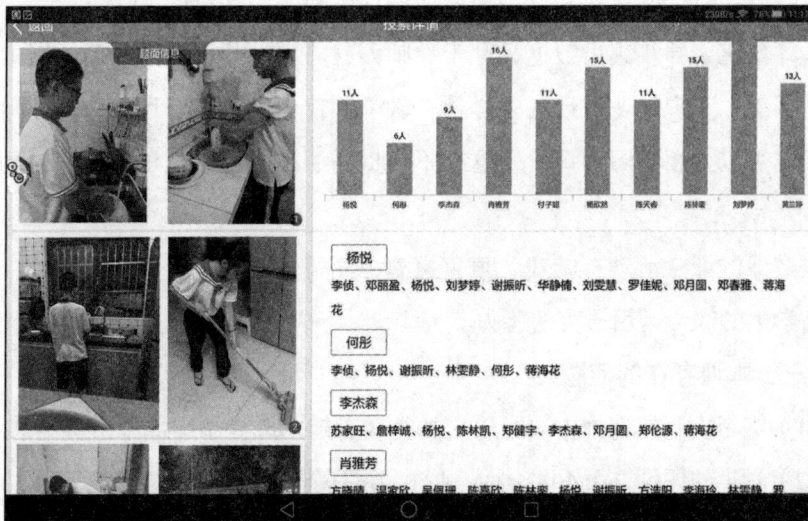

图2-5-4 投票详情

六、学生体会与教学反思

（一）学生体会

学生一：课前，老师布置我们看微课，一起作业网上预习跟读短语和句型，课堂上，老师利用动画吸引我们，在平板上进行互动，还可以在平板上投票，选出我们认为喜欢做家务的同学，我们的学习兴趣很浓。

学生二：课堂上我们最喜欢玩游戏和角色扮演，能在玩中学，还利用平板互动系统给我们出题目，提交完马上有数据，知道我们错哪题，提交作文还可以跟其他同学互改，相互学习，我们学得很开心。

（二）教学反思

本节课采用智慧课堂教学模式授课，课堂以建构主义学习理论为依据，利用智慧课堂的大数据、云计算、物联网和移动互联网等信息技术，应用于课前、课中、课后全过程，课堂"以学定教"的策略具有智能性、高效性。

主要通过平板在手，"互动"给力，每位同学都有一台平板电脑，教师通过电脑同屏分享页面，使得学生在进行对话操练时可以近距离观看自己的平板电脑。听力测试结合智慧课堂的互动系统，通过教师一键发布习题，学生作答，实时统计数据的方式，方便快捷地展现了学生对知识的掌握情况，为学生发展性评价记录并收集大数据，利于教师因材施教、分层教学。通过智慧课堂的互动系统，实现作业点评的多样化，教师不仅可以实时点评学生的作品，同学之间也可以互相学习和评价，这样不仅提高了课堂效率，还促进学生的共同进步。

本节课的课堂活动有游戏、角色扮演，涵盖了听说读写方面的训练，有利于提高学生的综合运用语言的能力。

（三）本课存在的问题

（1）练习内容的选择方面可以更加生动有趣。课堂总结部分做得不够。

（2）学生的评价方面不够全面，形式不够多样，可以尝试生生互评等方式。

《肚子里的故事》G8能力点认证案例

一、基本信息

教学主题	肚子里的故事		所属学科	美术
教学对象	三年级		任课教师	张敏琳
所属环境	多技术融合　　√智慧教育			
能力维度	学情分析　　　教学设计　　　学法指导　　　学业评价　　　√融合创新			

二、模式介绍

（一）教学目标

1. 知识与技能

（1）能观察和关注事物的形态、细节、色彩、特征。

（2）能运用夸张变形、组合的形式来表达对事物内在本质，物与物之间的关系和细部结构的丰富想象力。

2. 过程与方法

通过唤起记忆、视觉体验学会观察事物的形态、细节、色彩、特征；通过作品的对比欣赏和故事情节的构思，培养学生的想象与审美能力。

在分析、讨论中养成自主学习与合作学习的能力。

熟练使用平板电脑进行课堂互动。

熟练使用平板电脑上绘画APP进行绘画。

3. 情感态度与价值观

学会根据自己画的画讲故事。

通过感恩妈妈，让学生学会爱，感悟亲情。

4. 核心素养目标

运用联想、想象和变通的方式进行构想和生成有创意的意图，并利用传统和现代的材料、工具与方法进行创造和实践。

（二）适用学科内容

美术。

（三）适用环境

智慧课堂教室。

（四）使用的技术工具及其应用策略

①畅言平板电脑教学机②微课《平涂描边法和黑白描线法》③"绘画APP"④板书贴图⑤PPT课件。

三、操作程序

课例《肚子里的故事》是岭南美术出版社三年级上册第3课，采用的是多技术融合环境的美术教学方式。教学环境是在智慧教室，教师学生人手一台平板，实行教学实时互动。本节课以学生为主体，教师采用多技术融合教学模式引导学生进入课堂，探索"肚子里的故事"。

（一）课前学习

提前在课前，布置学生在白纸上画出一个小动物的外形，提前解决课堂"构图"知识问题。利用畅言晓学APP布置课前任务单，助力课堂。

> 课前作务单：
> 　　请你在白纸上画出一个小动物的外形，用黑色描线笔勾出轮廓。
> 　　要求：构图饱满
>
> 课前学习单，助力课堂

图2-5-5　课前任务单

（二）课中学习

（1）新课导入，魔术导入。激发学习兴趣。

（2）提出问题，欣赏范例。学生利用畅言平板"抢答"，克服学生不敢举手的心理。

（3）拓展思维，启发构思。运用可以画……可以画……还可以画……突破教学难点。

（4）探究发现：

① 比一比：谁的肚子大。

② 想一想：它们的肚子是什么形状？

③ 色彩大比拼：比较两幅画的色彩。

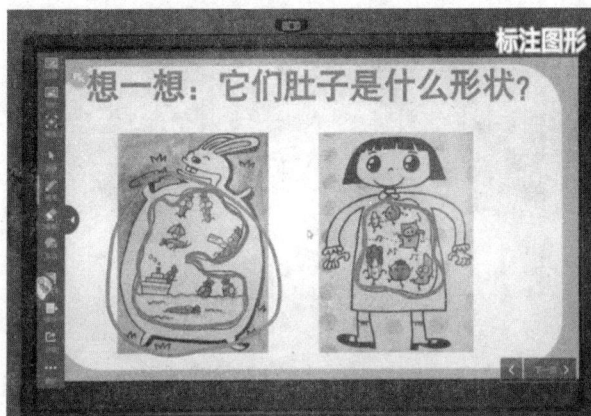

图2-5-6　课中学习

（5）合作探究：怎样画肚子里的故事呢？

① 教师示范。利用"创维白板"进行示范，明确清晰。

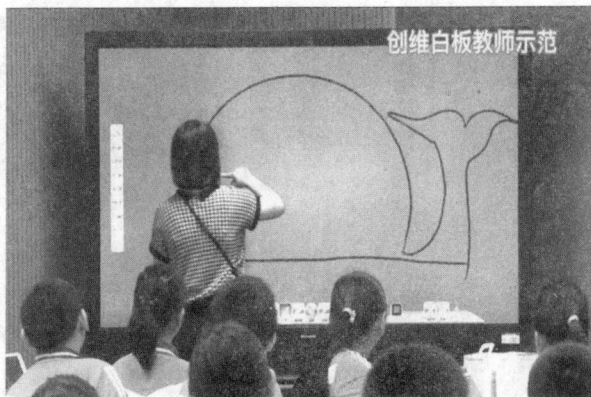

图2-5-7　教师师范

233

②展示错误步骤。请学生展示正确绘画步骤。

③播放学生制作的微课。学习平涂描边法和黑白描线法。

（6）创作作品。

①课件出示作业要求。

②给出小任务：根据画出的故事，并编好故事讲给大家听。学生在创作作品时可以选择在白纸上画，或者在平板上画两种不同的绘画工具，体验不同工具绘画的乐趣。

图2-5-8　创作作品

（7）展示评价

①组织学生进行画面评价、展示。（学生上传作业到作业平台，并对自己喜欢的作品点赞与评价，教师点评作业并做总结）

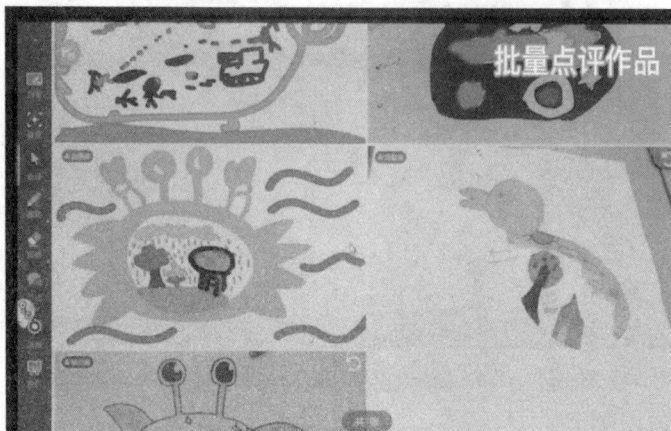

图2-5-9　作品点评

② 组织学生根据自己画面讲故事。

（8）拓展总结。

① 延伸剪纸形式表现肚子里的故事。

② 融入感恩母亲教育（PPT）。

（三）课后学习

用综合材料（黏土、剪贴、剪纸等方式）创意表现肚子里的故事，利用畅言晓学APP提交作业。

四、学生体会与教学反思

（一）学生体会

学生1：上了三年级的《肚子里的故事》这节课，我觉得非常有趣，一开始张老师首先变了一个小魔术吸引我们去肚子里旅行。我跟随着张老师的步伐一步一步到肚子里去探险，在小动物的肚子里坐过山车、游泳等等，还和小伙伴进行了激烈的讨论，讨论肚子里怎么画的过程，后来张老师给我们看了高年级的哥哥示范的微课，我学到了绘画的步骤，这是一节很有趣很充实的课堂。

学生2：学了《肚子里的故事》这节课，我学会了和同学们合作沟通交流，学会了绘画的基本步骤，还学会了讲"肚子里的故事"，最后还学会如何去评价自己的作品并改正，想到了妈妈怀孕的时候很不容易，我要孝顺妈妈，对妈妈好。

（二）教学反思

本人执教的课例《肚子的故事》，是岭南美术三年级上册第3课。教学理念：本节课的教学理念采用了多技术融合的美术课堂，以学生为主题，教师创造情境、设置疑问引导学生进入课堂，在设置疑问的时候可以再开拓一下学生的思维。

本节课实践过程流畅，可以把解决难点部分再突出一点。采用了"小魔术"导入，教师趣味讲授，教师"创维白板"示范，播放学生制作的微课展示等方法引导学生深入课堂，突破重难点，在突破难点部分可以再着重拓展学生的思维。本节课效果良好，学生的作品呈现色彩鲜艳丰富，各式各样，学生的积极性高，听课率高，学生掌握了基本的绘画步骤，作品评价的要点。技术工具应用科大讯飞平板上的"标注重点""学生抢答""小组PK板""学生上传作业""作业批量点评"功能、绘画APP。教学创新：本节课创新的部分：①新颖的导入方式。②教师"创维白板"示范作品。③学生自主制作微课展示。④学生采用平板"绘画"APP进行作画。

《纳米技术就在我们身边》G8能力点认证案例

一、基本信息

教学主题	纳米技术就在我们身边		所属学科	小学语文
教学对象	四年级		任课教师	万赐龙
所属环境	多技术融合	√智慧教育		
能力维度	学情分析	教学设计	学法指导	学业评价 √融合创新

二、模式介绍

（一）海澄小学智慧课堂互动式教学模式

该教学模式以建构主义学习理论为依据，利用智慧课堂的大数据、云计算、物联网和移动互联网等新一代信息技术，实现课前、课中、课后师生教与学的行为全过程记录、反馈和知识补救。海澄小学智慧课堂互动式教学模式的三个阶段12个环节，把教与学融为了一体，通过各种信息化设备功能最大化利用，实现了教学决策数据化、教学评价反馈即时化，交流互动多样化、资源推送智能化，体现教师智慧的教，学生智慧的学，从而真正促进每个学生都能实现有效、充分的个性化发展。

教师

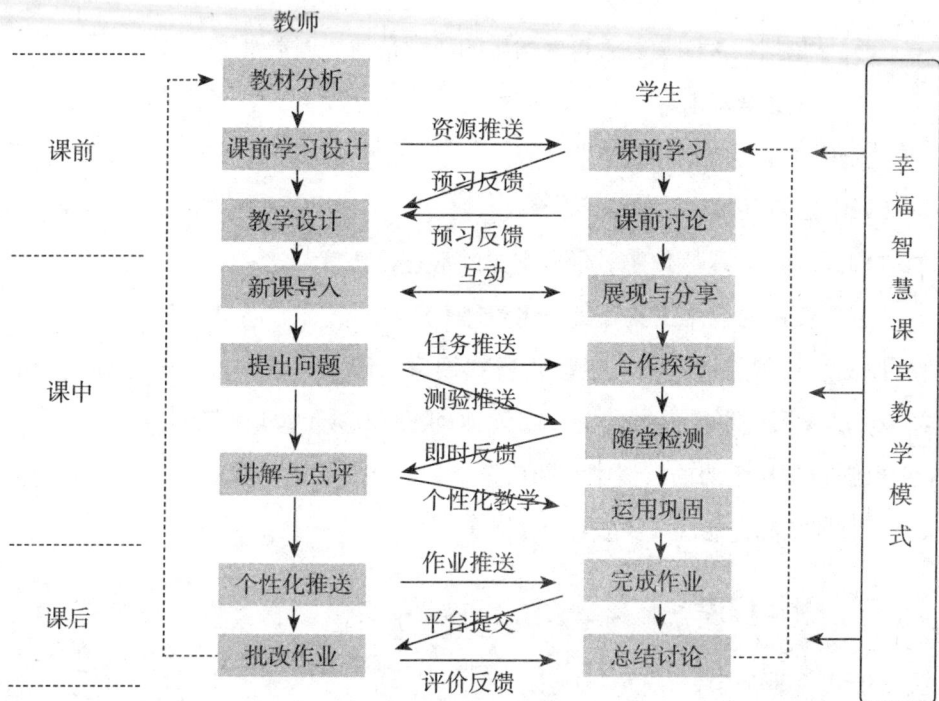

図2-5-10　智慧课堂互动式教学模式，参考刘邦奇、孙曙辉的《智慧课堂》

（二）教学目标

1. 知识与技能目标

①自主学习字词，会认12个生字，会写"纳、拥"等15个生字，理解字义，识记字形。正确读写"纳米、拥有、冰箱、除臭、隐形、健康、预防、病灶、疾病、细胞"等词语。

②正确、流利地朗读课文，阅读中将不懂的问题提出来，尝试解决问题。

2. 过程与方法目标

①引导学生课前利用微课，在自主学习，了解纳米技术的神奇所在。

②能结合课文内容和查找的资料理解"纳米技术就在我们身边"等句子的含义。

③自主、合作探究"在身边的应用（第一课时）""造福人类（第二课时）"的具体体现，学会抓住关键语句，有目的地筛选信息进行阅读。

3.情感态度与价值观目标

有科学依据的大胆想象，培养学生的科学精神和创造水平。

（三）适用学科内容

统编版小学语文四年级下册。

（四）适用环境

师生人手一台平板电脑教学机支撑的常态化智慧课堂。

（五）使用的技术工具及其应用策略

课例采用智慧课堂云互动教学模式授课，课堂以建构主义学习理论为依据，利用智慧课堂的大数据、云计算、物联网和移动互联网等信息技术，应用平板电脑教学机于课前、课中、课后全过程，课堂突出"以学定教"的策略，实践智慧课堂的智能性、高效性。

三、操作程序

（一）课前环节

课前学习资源	微课《阅读策略：质疑解惑》	信息技术支持	1.畅言晓学APP检查朗读
课前学习反馈	1.自学课文，朗读课文了解主要内容 2.观看微课，明确语文元素学习方法 3.查找资料，初步了解什么是纳米？		2.观看学习平台发布的微课 3.利用网络资源辅助学习
精准教学内容	引导学生阅读时能提出不懂的问题，并借助多种途径尝试解决问题		

课前微课

阅读策略：质疑解惑
———————
部编版语文四年级下册
珠海市三灶镇海澄小学　万赐龙

《纳米技术就在我们身边》课前学习任务单

学校：_____　班级：_____　姓名：_____

课前微课学习：

1.阅读时，可以从哪些角度提问？
_____

2.阅读时，可以运用哪些方法解决问题？
_____

（二）课中环节

教学环节	教师活动	学生活动	技术、资源（含平台与工具）	设计意图
环节一：视频导入，激发兴趣	1.教师引语谈话科普读物题目《纳米是什么米?》，激发兴趣：纳米不是米 2.播放一分钟短视频《一分钟了解纳米技术》	谈话科普读物题目 学生根据课前查找资料和课文自学，用一两句话简单回答。观看百度百科视频 	平板电脑教学机运用、操作PPT课件 平板电脑教学机播放学习微视频	推荐科普读物、观看百科视频，激发学习兴趣，明确学习目标，为课堂学习作铺垫准备
环节二：分享课前资料，助力课堂	温习课前查找资料，回顾引入课堂学习。 师：课前老师在畅言晓学APP布置了大家运用网络资源查找有关纳米技术的文字、图片、短视频资料，服务课堂学习	分享学生课前查找资料 	分享畅言晓学APP网络空间共享的课前学习成果：学生们运用网络资源查找有关纳米技术的文字、图片、短视频资料	1.引导学生学会运用网络资源，提高质疑解惑的能力，促进学生自主学习

续 表

教学环节	教师活动	学生活动	技术、资源（含平台与工具）	设计意图
环节二：分享课前资料，助力课堂	师：根据数据统计41个孩子完成了课前学习，其中4个孩子的学习成果被评为典型，值得大家共同学习		分享畅言晓学APP网络空间共享的课前学习成果：学生们运用网络资源查找有关纳米技术的文字、图片、短视频资料	2.引导学习典型资源，学会筛选信息，服务课堂学习
环节三：展示课前自学，巩固字词	1.检查学生课前学习新词：纳米、拥有、冰箱、除臭、功能、蔬菜、材料、钢铁、隐现、健康、细胞、疾病、预防、病灶、需要、深刻、无能为力等 2.根据数据反馈，有侧重点地学习集体学习不到位的词语 3.领读全班，跟读词语，掌握本课词语	数据反馈课前字词学习情况 18名同学100分，赞！ 学生跟读难学的词语 	利用科大讯飞的畅言晓学APP的人工语音识别功能，点读、跟读数字教材内容，甄别学生对课文生字新词的掌握	利用智慧课堂的平板电脑教学机，让数字教材服务学生课前自主学习生字新词，掌握好字词基础知识 学生课前自主学习与教师课堂指导学习相结合，提高课堂学习效率

教学环节	教师活动	学生活动	技术、资源（含平台与工具）	设计意图
环节四：温习阅读策略，微课助学	1.出示微课学习的关键问题：阅读策略 2.师生共同回顾微课学习"阅读时能提出不懂的问题，并尝试解决"的阅读策略 （1）阅读时，可以从哪些角度提问 （2）阅读时，可以运用哪些方法解决问题	回忆微课学习重点： **温习阅读策略** （1）阅读时，可以从哪些角度提问？ 我发现这三个问题的提问角度是不一样的，第一个问题是针对课文内容来提问的。 第二个问题是从课文的写法上来提问的。 第三个问题是从课文中那些信息、联系生活经验提出的。 学生总结"阅读策略"： **温习阅读策略** （2）阅读时，可以运用哪些方法解决阅读问题？ 我们要会联系上下文，并结合生活经验来解决问题。 查资料可以帮助我们理解不懂的问题。如，为什么"从那座地层，我们可以推测它生在几千万年前的故事的详细情形？"想查资料通过琥珀的形成需要几千万年。 我还可以请教别人和询问他人。	教师课前录制微课《阅读策略：质疑解惑》，发布在畅言晓学APP的班级空间，学生观看微课完成微课学习任务单，拍照上传学习成果	引导学生温习微课《阅读策略：质疑解惑》，进一步运用学习阅读策略，变被动阅读为主动阅读，提高阅读学习效率
环节五：朗读感悟，理清课文结构	1.自由朗读课文，一边朗读，一边思考，一边批注： （1）课文第2、3、4自然段分别围绕哪句话来写 （2）举出了哪些具体的例子？让学生边读边思考边勾画	学生朗读、思考、批注，学习阅读时候质疑解惑的阅读策略： **朗读课文，理清脉络** 自由朗读课文，一边朗读，一边思考，一边批注：课文第2、3、4自然段分别围绕哪句话来写？ 请边读边思考边画。 阅读时可以批注不懂的问题，并试着解决。	平板电脑教学机分享学习任务，清晰学习任务	借助教学机分布任务，通过读、思、写、议、评几个方面综合梳理课文结构，理解课文主要内容，学习"总—分—总"的写作技巧

续 表

教学环节	教师活动	学生活动	技术、资源（含平台与工具）	设计意图
环节五：朗读感悟，理清课文结构	2.学生汇报：在交流时，别人讲时要认真倾听。听后可补充，也可提出自己的见解	学生汇报交流中梳理课文机构，把握学习重点： **朗读课文，理清脉络** 课文第2、3、4自然段分别围绕哪句话来写？ 纳米技术就在我们身边 总—分—总 什么是纳米技术 纳米技术就在我们身边 纳米技术可以让人们更健康	PPT归纳课文结构的思维导图，理清课文结构	借助教学机分布任务，通过读、思、写、议、评几个方面综合梳理课文结构，理解课文主要内容，学习"总—分—总"的写作技巧
环节六：小组合作，解决重点难点	1.学生齐读第1、2自然段，思考问题 ①什么是纳米 ②什么是纳米技术 2.小组合作探究：究竟什么是纳米？请同学们默读第二段，勾画出有关语句 提示：尝试分析说明文的说明方法解决问题	教师引导学生明确小组合作探究学习的任务后，学生运用说明方法来分析解决问题： **小组合作，感受"神奇"** 齐读第一、二自然段，思考以下问题： 1. 什么是纳米？ 2. 什么是纳米技术？ 提示：尝试分析说明文的说明方法解决问题。	平板电脑教学机分享学习任务，清晰小组合作学习的任务	鼓励学生质疑问难的能力，并引导学生在合作学习中解决问题

续　表

教学环节	教师活动	学生活动	技术、资源（含平台与工具）	设计意图
环节六：小组合作，解决重点难点	3.共同探究第2自然段第其中3句话，学习说明方法，理解"纳米技术"：①纳米是非常非常小的长度单位，1纳米等于10亿分之一米②纳米技术的研究对象一般在1纳米到100纳米之间……③如果把直径为1纳米的小球放到乒乓球上，相当于把乒乓球放在地球上，可见纳米有多小齐读第1、2自然段，感受纳米的神奇	学生尝试分析说明文的说明方法来解决问题，师生共同品析： **小组合作，感受"神奇"** 1. 纳米是非常非常小的长度单位，1纳米等于10亿分之一米。　列数字 2. 纳米技术的研究对象一般在1纳米到100纳米之间……　列数字 3. 如果把直径为1纳米的小球放到乒乓球上，相当于把乒乓球放在地球上，可见纳米有多小。　作比较	PPT出示关键句子，学生汇报小组合作学习成果。	合作探究学习"说明方法"，明白作比较、列数字说明方法的作用，感受纳米技术的神奇
环节七：随堂检测，平板互动提效	1.下面的句子运用了什么说明方法？A.举例子B.列数字C.打比方D.作比较	学生运用平板电脑教学机完成随堂检测1： **随堂检测** 1、下面的句子运用什么说明方法？ A举例子　B列数字　C打比方　D作比较 (1)纳米技术的研究对象一般在1纳米到100纳米之间。（B） (2)云能预示天气，民谚说得好，在新疆地区，出现云就代表要下雨。（A） (3)永定河发水时，来势很猛，以前两岸河堤常被冲毁，但是这座桥却安然无恙，足见它的坚固。（D） (4)石拱桥的桥洞成弧形，就像天虹。（C）	运用畅言智慧课堂的平板电脑教学机进行随堂检测，"师生互动—选择题"产生随堂检测的大数据	平板电脑教学机检测学生说明方法的掌握，引导学生感受说明方法的特点，深化学生对知识的再次认识

续 表

教学环节	教师活动	学生活动	技术、资源（含平台与工具）	设计意图
环节七：随堂检测，平板互动提效	（1）纳米技术的研究对象一般在1纳米到100纳米之间（　　） （2）云能预示天气.比如,在新疆地区,出现云就代表将要下雨（　　） （3）永定河发水时,来势很猛,以前两岸河堤常被冲毁,但是这座桥却从没出过事,足见它的坚固（　　） （4）石拱桥的桥洞成弧形,就像彩虹（　　） 2.填空: 《纳米技术就在我们身边》是著名科学家写的一篇科普说明文,通过三个方面的介绍,让读者理解纳米技术就在我们身边。	学生运用平板电脑教学机完成随堂检测2: **随堂检测** 2、填空: 《纳米技术就在我们身边》是著名科学家_刘忠范_写的一篇科普说明文, 通过_什么是纳米技术_、_纳米技术就在我们身边_、_纳米技术可以让我们更加健康_三个方面的介绍,让读者理解"纳米技术就在我们身边"。	平板互动的随堂检测数据及时、高效 运用畅言智慧课堂的平板电脑教学机进行随堂检测,"师生互动—客观题"产生随堂检测的大数据	检测学生对内容的掌握,引导学生把握问题结构,清晰课文主要内容

续表

教学环节	教师活动	学生活动	技术、资源（含平台与工具）	设计意图
环节八：课外阅读，拓展语文知识	1.老师：课文详细生动地介绍了纳米技术就在我们身边，为了更好地了解纳米技术，老师推荐一本课外科普读物《纳米是什么米？》非常有趣 2.科普读物《纳米是什么米？》主要讲述了古代的纳米科技、色彩绚丽的纳米现象、莲叶效应、通往太空的电梯——纳米碳管、奇妙的纳米隐身术、纳米小医生……	学生了解读物精彩内容： 	PPT出示精彩图书图片，再利用智慧课堂同屏功能，分享图书图片给学生平板，引导学生欣赏清晰的图文	教师通过引导学生欣赏相关精彩图片，导读课外读物的内容，激发课外阅读欲望，以促进学生在课文课外阅读中，提高语文综合素养
环节九：课堂总结，归纳学习收获	1.师生总结阅读方法"质疑解惑"，学会从结合生活经验、查找资料、请教别人等方面解决阅读问题	学生小结解决阅读问题的方法： 	平板电脑教学机出示课堂总结内容，总结方法与情感态度目标	肯定学生学习阅读方法，激发学生热爱科学知识 1.引导学生做一个热爱科学的人

教学 环节	教师活动	学生活动	技术、资源 （含平台与工具）	设计意图
环节九： 课堂总 结，归 纳学习 收获	2.总结：这节 课我们一起 遨游了科技的 世界，领略了 纳米技术的神 奇，体验了解 决阅读问题的 快乐，课后同 学们还可以继 续"结合课文 内容和查找的 资料"了解有 关纳米科技的 最新知识，感 受它的神奇魅 力，做一个热 爱科学的人	归纳总结，升华感情态度价 值观： 课堂总结 小结： 　　这节课我们一起遨游了科技的世界，领略了纳米技术 的神奇，体验了解决阅读问题的快乐，课后同学们还可以 继续"结合课文内容和查找的资料"了解有关纳米科技的 最新知识，感受它的神奇魅力，做一个热爱科学的人。	平板电脑教学机 出示课堂总结内 容，总结方法与 情感态度目标	肯定学生学 习阅读方 法，激发学 生热爱科学 知识 1.引导学生 做一个热爱 科学的人
环节十： 作业布 置，综 合训练	1.在日常阅读 中运用："结 合课文内容和 查找的资料" 的方法，解决 阅读中提出的 问题 2.和家人分享 纳米技术的神 奇，也可以继 续查阅报刊、 杂志，或上互 联网查阅资料 了解更多纳米 科技	完成课后作业： 作业超市 1、在日常阅读中运用："结合 课文内容和查找的资料"的方法，解 决阅读中说出的问题。 　2、和家人分享纳米技术的神奇， 也可以继续查阅报刊、杂志，或上互 联网查阅资料了解更多纳米科技。		让孩子们和 家人分享学 习成果，提 高口语交际 能力，为下 一节课完成 课后习 题——说话 训练做准备

（三）课后环节

板书设计：

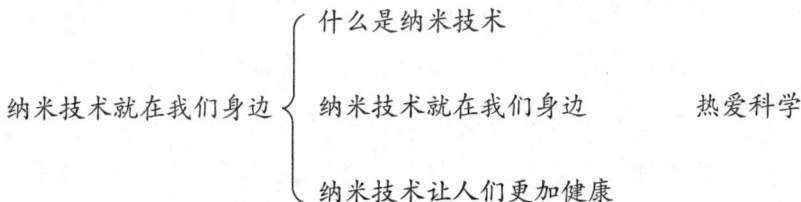

副板书：

阅读要学会——质疑解惑

四、学生体会与教学反思

（一）学生体会

学生1：课中教师发布在随堂检测，我们学生利用平板电脑教学机完成相应题目，教师根据学生答题的进行大数据统计和汇总，提供多维度的练习质量分析，包括全班的正确率、错误率分析和各种各样的饼状图、折线图、分析表等数据统计，帮助教师发现学生的知识、技能和能力已经达到的水平和存在问题，把握学生学习的各异性，为课堂教学实施提供依据，让教师及时调整教学策略，对因材施教大有裨益。

学生2：课前老师让我们自主学习，朗读课文内容：利用平板电脑教学机的数字教材自主学习课文朗读。我们在畅言晓学APP上朗读，利用科大讯飞人工智能检测朗读情况，系统会自动生成朗读数据。你瞧，这一次我的朗读成绩还不错，老师对我的课前朗读评价为优秀，我真开心！

（二）教学反思

本人执教的课例《纳米技术就在我们身边》，是统编版语文四年级下册第二单元的一篇说明文。本节课采用智慧课堂教学模式授课，课堂以建构主义学习理论为依据，利用智慧课堂的大数据、云计算、物联网和移动互联网等信息技术，应用于课前、课中、课后全过程，课堂"以学定教"的策略具有智能性、高效性。

如何实现智慧课堂的特点，发挥好智慧课堂优势？如何促进小学语文学科与智慧课堂深度融合？本人对这节课进行相关反思：

第一，探究智慧课堂的教法学法，有利于实现"学生是学习的主人"。学生课前自主学习微课《阅读策略：质疑解惑》，完成课前学习任务单；借助畅言平板电脑教学机的数字教材，主动完成生字词学习；利用畅言晓学APP进行课文朗读，人工智能将对朗读进行AI评分；利用互联网查找"纳米技术"相关资料，辅助理解课文内容。课中，师生应用畅言平板电脑教学机提供课堂分享与交流、课堂互动功能、随堂检测功能。这些都进一步地促进了学生自主学习、合作学习、探究学习，让学生通过构建获取知识，成为真正的学习主人。

第二，智慧课堂的各类数据运用，为教师开展教学提供精准学情参考。课前自主学习生字新词，课前微课学习，课前查找资源等学习大数据的分析，有利于教师进一步地了解学生学习情况，调整教学策略，服务课堂教学，以取得更深层次的主动学习效果。

第三，在智慧课堂的随堂检测检测环节，教师如何针对练习成果讲评参考答案后，继续开展二次平板电脑的随堂检测，提高随堂检测的深化学习？一方面教师要更注重随堂检测设置的内容、方式、数量等因素，还要注意及时反馈问题、方法答题指导、储备合适习题等因素。

智慧地教、智慧地学。常态化智慧课堂实践与教研，要敢做、常做、会做，让教师与学生共同成长。